［新版］

建築設計演習 3

展開編：
空間とかたちを操る

峰岸隆・寺地洋之

内井昭蔵
柳澤潤
遠藤政樹
原田真宏＋麻魚
大谷弘明
山下保博
東急電鉄
アトリエユニゾン
竹中工務店
日建設計
安藤忠雄
伊藤博之
西田司＋中川エリカ
SANAA
畔柳昭雄
葉祥栄
武松幸治
伊東豊雄
堀場弘＋工藤和美
坂茂
谷口吉生
山本理顕
小杉栄次郎・内海彩
河内一泰

鹿島出版会

はじめに

　本書のシリーズでは、大学・専門学校の設計教育における設計演習の教材としてこれまで建築設計製図演習1（設計基礎編）、2（木造住宅編）、3（鉄筋・鉄骨鉄筋コンクリート造編）の3冊を出版してきました。

　3（鉄筋・鉄骨鉄筋コンクリート造編）は、RC造の住宅・SRC造のオフィスビルでA3判仕様のA2見開き折込み図面でした。その内容は、RC・SRC造の構法・各部の納まり・材料の使用方法などで学生の教材として一定の役割を果たしてきました。

　しかし、最初の刊行からは20年の歳月が経ち、その間に建築の設計手法は、新しい構法や材料を伴い多様な展開をしてきました。これを機に3（鉄筋・鉄骨鉄筋コンクリート造編）は、シリーズ2（木造住宅編）と合わせて、新たな視点のもとで全面改訂し、建築設計演習1〜3に生まれ変わることになりました。

　したがって、新版建築設計演習3・展開編は、先の建築設計演習1・基礎編そして建築設計演習2・標準編とともに設計教育に重要な役割を果たしてくれるものと確信しています。

□目的

　本書の新シリーズ3は、建築系の専門学校・大学における設計演習の教材としてつくられたものです。本書の展開編（空間とかたちを操る）は、入門書である設計基礎編を1年目に、2年目に新シリーズ2標準編（空間とかたを学ぶ）を習得した後、3年目に授業で学ぶことを前提としてつくられています。

　シリーズ3部作を車の製作に例えるなら、1の基礎編は線の練習・製図法……水周り・階段周りの設計等の学習で、車ならタイヤ・ハンドル・エンジンなど部品の製作にあたります。2の標準編からは建物の全体設計に入ります。車なら各部品が一つの目的に沿って組み立てられ1台の車になります。しかし、ここでつくられた車は非常にオーソドックスで安全な4ドアセダンの大衆車です。3の展開編は特殊な空間と架構をテーマにした設計に入ります。車なら一般車に比べてスピードが出るとか、特異な機能をもつことが要求されるスポーツカー・ジープ・消防車、もちろん形も著しく変わります。上記で例えたシリーズ2も3の車も我々にとって必要なものですが、これらの車を上手に走らせることができるかどうかは、皆さんの努力次第だと思います。

　このように新シリーズは、学生が設計演習の教材として段階的に学ぶことができるように編集しています。すでに建築を学んできた建築技術者の方々には、知識の整理とデザインソースの参考書としておおいに活用できる書と考えています。

□構成および特徴

　本書は以下に示す五つの特徴をもって構成しています。

1.

本書の最大の特徴は、木構造・RC造・S造または住宅・オフィスビル等といった従来の構造種別や用途別あるいは規模別の構成でなく、新たな視点として建築空間がつくられる空間部材によって編集しています。それらは面、骨、線そして面・骨・線の組合せによるⅠ～Ⅳの四つの項目に区分しています。このような分類を用いるのは当然構造形態別と重なり合う部分もありますが、真に「建築のかたちと空間をデザインする」仕事が建築設計の本意であると考えるからです。

2.

「面材、骨組、線材そして面・骨・線材によってつくられる空間の種類と分類（以下ダイヤグラムと称する）」では、4種類の形成過程別に多くの作品事例を示し、その中から最も設計演習の教材にふさわしい作品を掲載しています。このことによって、学生は今学習している作品が空間形成上どのような位置付けにあるかを知ると同時に、豊富な作品事例から多くの情報を得ることも可能です。

3.

建築の究極の目的は「かたち」をつくることであるにもかかわらず、実際にかたちを示す段階になるとどうしてよいのか、さっぱり手が動かなくなります。そこで、本書では「空間とかたち」をつくる技術として作品のデザインモチーフについて事例をあげております。作品は4種類の形成過程別に9例ずつ合計36例を掲載しました。

これによって「かたち」がつくられる方法がどのようなものか、そして「空間とかたち」について独創的事例を多く知ることができます。

4.

教材としての掲載作品は二つに大別されます。一つは構造的にも規模的にも4種類の空間のつくり方の型を示す代表的な参考事例（1見開き）で各項に数例ずつ掲載し、もう一つはその型を示す最も基本的な典型事例（3～4見開き）で各項に1作品掲載しています。後者の典型事例は、図面を基本から詳細に至るまで揃え、難易度の高い作品の習得に十分耐えるように編集しています。

5.

展開編では、標準編に比べると空間構成や架構システムにおいてかなり特異な作品事例を取り上げています。しかし、標準編の延長として学習してくると、空間構成の仕組みや設計手法が現在どのような方向に向かっているのかを知ることができます。展開編の内容は、単に設計演習の基本的で固定的な教材すなわち製図方法・表現方法の基礎的な習得から学習意欲を新たな創作へと高めることが期待できます。本シリーズの展開編は基礎的な教科書（本シリーズ1・2）から建築家の創作ノートへの道しるべであります。

□利用方法

　本書は、2の標準編の次に使用することが望ましいものの、必ずということではありません。学校においては、設計演習の進め方や内容に合わせて本シリーズ2、3を同時に併用することも考えられます。

　主に五つの効果的な使用例を以下にあげます。

1.

低学年での本書の利用は、掲載作品の説明をよく読み、ペーパーモデルをつくるとよいでしょう。そうすることで「空間とかたち」を体験し建築に興味がわいてきます。

2.

標準編で習得した基本的な納まりを学んだ学生は、展開編の詳細図を参考にすることで、さらに特別な納まりを身に付け自ら詳細図を作成する力がついてくることでしょう。

3.

高学年の設計指導にあたっては、ちくじ展開編の作品事例をあげながら、いかに「空間とかたち」がつくられていくか、その方法を導き出してあげるとより効果的です。

4.

「空間とかたち」の発想に掲載した作品および各項で掲載した作品事例は、独創的な「空間と構造」のアイディアをよりいっそう提供してくれることでしょう。本書は設計演習課題にとどまらず、卒業研究やコンペティションにおいてもおおいに役立つ設計概念を提供します。

5.

本書では、「空間とかたち」の発想における36作品、各項に図面を掲載した25作品と実に多くの作品を紹介しています。これらの作品を整理・整頓しておくことで豊富な引出し（アイディアの詰まった箪笥）ができ、設計の際にはとても効果的です。

目次

IV　面・骨・線

面・骨・線材の組合せによってつくられる空間

1.

本教材では、空間がつくられる方法によって作品事例を面材、骨組、線材と面・骨・線材の4種類に分類している。建築の構造形態は、一般に面材と線材の二つに大きく区分されるが、本シリーズでは線材をさらに2区分し、骨組と線材とに分けて3分類とした。標準編では、この3種類を基本に構成されているが、展開編ではこの3種類にさらに3種の合成する建築物を加え4種類の分類とした。このように4種類の分類は、空間がつくられる構成部材に着目し区分したものである。

2.

分類は空間構成上に基づき、厳密な構造形態の分類と異なるが構造的原理ともほぼ一致している。以下に分類方法を示す。

面

代表的な建築物は壁・床によってつくられる空間をいう。

面に分類される建築物は、平面・折面・曲面などの面材より成り立つ。ただし、テント構造等の膜は構造形態としては面材であるが、主応力が引張で丈長比（部材の断面寸法に対する長さの比率）が1/1,000～1/10,000であるため骨組膜構造とともに線材に属させた。主なる面材である壁（せん断力）・版（曲げ）・殻（圧縮）は、丈長比1/1～1/100で膜・半張殻とは明らかに

異なる。なお、殻の鉄骨・木質系の建築は部材の形状から考えて線材として扱っている。

骨

代表的な建築物は柱・梁によってつくられる空間をいう。

骨に分類される建築物は、支柱・枠組（ラーメン、異形ラーメン）・梁組（曲げ梁、格子梁）などの骨組より成り立つ。この骨組は構造形態の分類で考えるなら線材の一つであるが、ここでは主応力が曲げ系で丈長比1/10～1/100程度の比較的太い線材に限定して区分する。

線

代表的な建築物はトラス・アーチによってつくられる空間をいう。

線材に分類される建築物は、張索（ケーブル、ザイルネット）・索の骨組（トラス、合成梁、スペースフレーム）などの線材より成り立つ。ここでは主応力が軸力系で、丈長比1/100～1/1,000の細い線に限定する。

面・骨・線

主として面材と骨組、面材と線材の組合せなど、基本3種の構成部材がそれぞれ合成されてつくり上げられた作品事例がこれに属する。それぞれの特徴を生かした組合せによって新しい独創的な空間が生まれる。これらはすべて戦後の作品である。

ダイヤグラムについて

1.
ダイヤグラムは、多くの作品を本書の「面、骨、線そして面・骨・線の区分」に沿って分類したものである。

2.
4種類の空間形成別によるさらなる分類は、「建築のかたち」をつくる言語に沿って分類した。このことは言語による「空間とかたち」の発想の方法の一つともいえる。

3.
分類表は、左側の白地に掲載されている作品が主に本編の標準編で扱う作品領域で、右側の網掛け部分の作品が本シリーズ3の展開編で扱うものである。

4.
分類表は、建築の歴史・年表を表すものでなく、建築空間のつくられる「型」を示すものである。したがって、作品下の（　）内は竣工年を示すが、掲載の順番は、「型」の系譜や本教材として標準編で扱うか展開編で扱うかの区分で、史的年代順に並べたものではない。

5.
掲載作品は原則として国内の作品とする。しかし、作品の系譜上、原型と考えられる作品、あるいは大きな影響を及ぼした作品については国外の作品であっても掲載している。

I 面

壁・床によってつくられる空間

ダイヤグラム I

面材によってつくられる空間の種類と分類

ここでは、標準編の面材によってつくられる空間の
「かた」がその後どのような作品展開をしていくの
かを説明する。

□木の校倉から石の校倉型

校倉によってつくられる空間は、ログハウスとして
主に使用されてきたが特別な展開が今日までみられ
なかった。だが、近年この構法で木材でなく石を素
材とした作品がいくつかみられる。これらの作品は、
石を交互に積んで組み立て、その隙間よりうまく光
を取り入れた光と石の空間が見事につくられており、
まさに西欧と日本の空間の特徴を併せ持っている。
代表的な作品には「石の美術館」「積層の家」がある。

□ブロックの巨大化

コンクリートブロックの組積型は、地震の多い我が
国において鉄筋を入れて補強コンクリートブロック
造として今日でも多くつくられている。その後、ブ
ロックの考えは手にもてないような大きな箱や人の
生活空間となる巨大な箱（カプセル）へと展開する。
作品「セル・ブリック」は二人でもてる大きさの鉄板の
箱を積んだもので、「中銀カプセルタワービル」は、
ワンルームの巨大な箱を幹に取り付けたものである。

□一体型（コンクリート造）の展開

コンクリートによる一体型は、「垂直な壁と水平な
床」「傾斜した折壁の連続」「壁・床の未分化された
曲面」によってつくられる三つの空間構成の方向に
分かれていく。
その中でも垂直の壁と水平の床によってつくられる
RC壁構法は、今日も面によってつくられる空間の主
流である。その中から、「壁を編む」「壁を建て込む」
という展開が見出される。作品「広島女子大学附属
図書館」はコンクリートの斜め格子、「MIKIMOTO
銀座」は鉄板に無数の穴を開けた壁など、単なる垂
直の壁から構造的に編んだ壁へと展開する。作品
「多摩霊園納骨堂」はプレキャストコンクリート板
を桶のようにつなぎ、「ナチュラル・スラット」は
鉄の縦型スラットを斜材でつなぐ等、壁を建て込み
空間を囲っている。
折壁で囲まれた空間は、互いに傾いた垂直壁同士を
つなげ相互に変形を拘束するような状態をつくり出
すため自由な形態ができにくく、新たな展開があま
りみられない。作品「XXXX-house」は左右に傾く
2種類の構造用合板でできたロの字形フレームをつ
ないでつくられた特殊な事例である。
曲壁でつくられる空間が鉄筋コンクリートで可能と
なったのは20世紀に入ってからで、世界中で本格的
に普及したのは第二次世界大戦後である。だが、コ
ンクリートによる曲面は、20世紀最大のコンペティ
ションといわれた「シドニー・オペラハウス」以来
つくられることが少なくなる。曲面はコンクリート
に代わって、今日では木や鉄格子の面によってつく
られる空間に展開していくことが多い。そんな中、
「ぐりんぐりん」はコンクリートによる最も新しい事
例である。

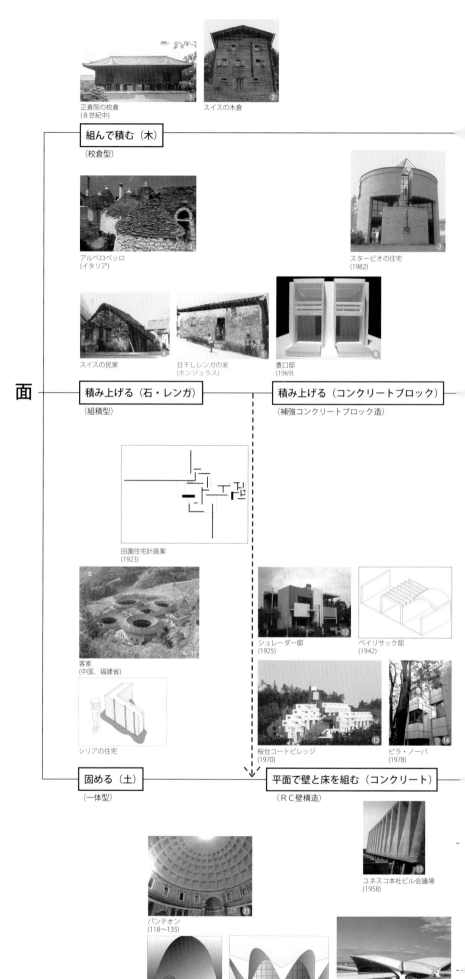

正倉院の校倉
（8世紀中）

スイスの木倉

組んで積む（木）
（校倉型）

アルベロベッロ
（イタリア）

スタービオの住宅
（1982）

スイスの民家

日干しレンガの家
（ホンジュラス）

豊口邸
（1969）

面 積み上げる（石・レンガ）
（組積型）

積み上げる（コンクリートブロック）
（補強コンクリートブロック造）

田園住宅計画案
（1923）

客家
（中国、福建省）

シュレーダー邸
（1925）

ペイリサック邸
（1942）

桜台コートビレッジ
（1970）

ビラ・ノーバ
（1978）

シリアの住宅

固める（土）
（一体型）

平面で壁と床を組む（コンクリート）
（RC壁構造）

パンテオン
（118〜135）

ユネスコ本社ビル会議場
（1958）

スイス博覧会セメント館
（1939）

ロスマナンティアス・レストラン
（1957）

TWA空港ターミナル
（1961）

生闘学舎
(1980)

原村Y山荘
(1984)

石の美術館
(2000)

積層の家
(2003)

交互に積む

TIME'S
(1984)

萱島新町家ネイキッドスクエア
(1999)

セル・ブリック
(2004)

ブロックの巨大化　　**箱を積む**

ハビタ'67
(1967)

静岡放送ビル
(1968)

中銀カプセルタワービル
(1972)

箱を取り付ける

広島女子大学附属図書館
(1997)

岐阜県立森林文化アカデミー
(2001)

MIKIMOTO銀座
(2006)

壁を編む

ドムス香里
(1981)

静岡の家
(2006)

多磨霊園納骨堂
(多磨霊園みたま堂)(1993)

ナチュラル・スラット
(2002)

えんぱーく
(塩尻市市民交流センター)(2010)

特殊な平面で組む（鉄・木）　　**壁を建て込む**

群馬音楽センター
(1961)

大学セミナー・ハウス
(1965)

海のギャラリー
(1967)

XXXX-house
(2003)

東急池上線戸越銀座駅
(2016)

折面で囲む　　**折面をずらして組む**

（折板構造）

東京カテドラル聖マリア大聖堂
(1965)

シドニー・オペラハウス
(1973)

中上邸
(1983)

ぐりんぐりん(アイランドシティ中央公園)
(2005)

曲面で囲む　　**自由な曲面で覆う**

（シェル構造）

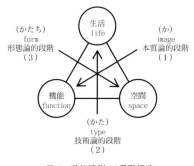

図-3　菊竹清訓の3段階構造

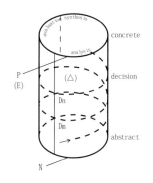

図-1　円筒モデル

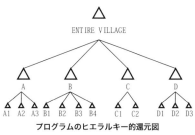

プログラムのヒエラルキー的還元図

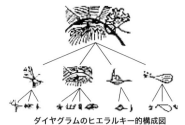

ダイヤグラムのヒエラルキー的構成図

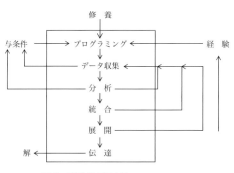

図-2　デザインプロセス

ダイヤグラムの統合

図-4　クリストファー・アレグザンダー
　　　の「パターンランゲージ」

□「空間とかたち」をつくる技術がなにゆえ必要か

建築設計の究極の目的は「かたち」をつくること。その行為は限りなく創造的・独創的なものである。

デザインすることとは、いわゆる「空間とかたち」をつくること、これは極めて感覚的で創造的な側面もあり、デザインの教育現場に携わる我々は、それらの行為を知識や技術として伝達することの難しさを感じている。

敷地や所要室などの設計条件を整理し把握したところで「かたち」はなかなか浮かばない。頭の中では、概念操作（コンセプトづくり）を一生懸命するものの、実際にかたちを示す段階になるとどうしてよいのか、さっぱり手が動かなくなる。我々はそのような学生をよく見掛け、また、すでに設計の実務についている方々もそのような経験をされたことがあると思われる。

そこで、我々は設計教育の初期段階において優れた建築家の切り開いた道を、学生が正しく理解したうえで、適切な応用を学びとること。そうすれば「空間とかたち」の生成は理解できるであろうと考えた。

ここでは、建築家の「空間とかたち」づくりの源や出所（以下、デザインソースと称する）を取り上げ、中でも特にデザインモチーフを中心に構成し、「空間とかたち」の発想の契機としたい。学生は掲載されたデザインモチーフが有効かどうか、一人ひとり考えて確認していくこともまた必要である。学生諸君は、そうすることによって「空間とかたち」をつくるテクニックを身に付けていくことができるであろう。

しかし、ここに掲載するようなデザインモチーフで空間とかたちがすべて決まるわけではなく、最初に記したようにデザイン行為は自ら生み出す創造的行為が最終目標である。

□「空間とかたち」についての設計方法

設計方法論の意図するところは、最終的に「空間とかたち」をつくる、すなわち設計という「ブラックボックス」的なとらえにくいプロセス

をすこしでも論理的にとらえようとするところにある。

今日、設計方法論が重要とされるのは、建築規模の巨大化、設計の組織化が顕著になってきたためで、都市問題、環境問題など他分野と関連させながら論理的な建築教育の必要性が生じている。

従来の建築設計方法を個々に取り上げるときりがなく、ここでは一例として国内外の主な方法を下記に示してみる。

• 菊竹清訓「か・かた・かたちの設計仮説」（建築1961）
• 吉阪隆正「有形学へのアプローチ」（国際建築1964）
　「形への総合に関するノート」（建築文化1964）
• 池辺　陽「設計プロセスに対するシステムエンジニアリングによる提案」（コラム13号、1965）
• R.D.Watts「円筒モデル」（Schere,p./Theory of Design Report on a Birmingham Symposium, AJ. 651124）（図-1）
• Bruce Archer「デザインプロセス」（Archer,B./Systematic Method for Designers, Design VOL. 174）（図-2）
• C.Alexander「形の合成に関するノート」（Alexander,C./A Pattern Language which Generates Multi-Service Centers）

その中で直接デザインモチーフに結び付くものとしては、菊竹清訓の「か・かた・かたち」の3段階構造（図-3）やクリストファー・アレグザンダーの「パターンランゲージ」（図-4）がある。

菊竹は「か・かた・かたち」の仮説を適用して多くの作品を手掛けてきた。アレグザンダーの方法論はユニークな実験的方法として脚光をあびた。建築言語を組織した数学的論理的方法は新鮮であったが、一般化するには至らなかった。菊竹清訓の「か・かた・かたち」については、本書で扱うデザインモチーフに最も関連するものとして触れておく。

菊竹によると、設計には三つの段階があり、かたちは「か」「かた」「かたち」という3段階でできているものである、とのべている。

「か」とは、なぜそういうものをつくるのか、そのつくる意味とか、

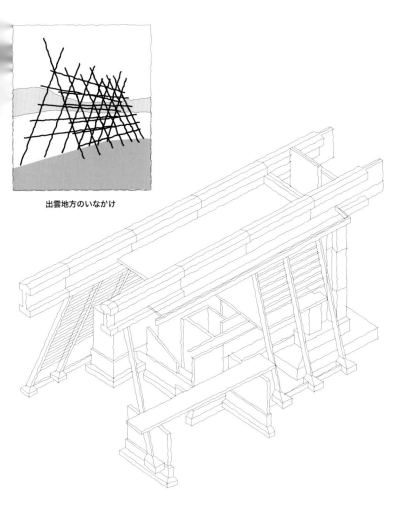

出雲地方のいなかけ

図-5 "いなかけ"をモチーフにしたかたち

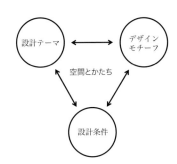

図-6 「空間とかたち」の
デザインソース

写真-1 いなかけ

写真-2 伊勢神宮正殿

写真-3 弥山からみた厳島神社

なんのためにそういうものを人間が必要とするのか、そのような意味を問う形の一番本質的な段階。「かた」とは伝統とか、個性を取り去ってしまった普遍的な共通の技術（システム）を理解できる段階。「かたち」とは、みて感覚でわかる段階、と「か・かた・かたち」について記述している。

菊竹は'出雲大社庁の舎'の設計の場合、出雲地方の水田の中にある"いなかけ"をモチーフとして空間とかたちに秩序を求めた。また、後述（伊勢神宮の項）のように神社建築は、稲作文化と切っても切れない関係があった。したがって、ここでは設計の方法と順序「か」「かた」「かたち」がすべて"いなかけ"のもつ意味・つくる技術・そのかたちによってつくられた。

□デザインソースについて

ある創造行為における発想の根源を探ろうとすることは、一人の建築家の深層心理を解明するようなもので極めて困難なことといえる。建築家自身もまたそのことを明確に言い表すことができないであろう。あるデザインソースが作品のすべてを規定しているとは考えられないし、その作品のどのようなところに直接に影響を及ぼしているのか、主に外観であったり、構法であったり、機能的な平面であったりもする。その因果関係は誠に複雑といえよう。

前述の設計の方法で示すように、設計における発想は、その作家の無限の知的蓄積を具体的な「かたち」に結晶させるためのトータルイメージである。したがって、設計とはなんぞや、建築のかたちとはなんぞや、という観念的な議論は避けられないが、事例に即してその意図や内容を考える極めて即物的な方法を示す。

建築の「空間とかたち」は、図-6で示すように設計（与）条件と設計テーマ（理念・思想）とデザインモチーフ（空間と形態のイメージ）より成り立つと考えられる。そして、デザインソースとは、まさにこの三つの要素の総体といえよう。

特に「空間とかたち」に最も結び付くデザインモチーフを中心に取り

上げる。

1）設計テーマ

設計テーマは設計者の理念・思想である。この建築は、主に何を中心テーマに掲げ設計が行われているのか。ここで示される抽象的概念は作家のものづくりの姿勢とも深く関わる。

2）設計条件

設計条件は、設計に際し整理しておかなければならない条件である。設計条件は、主に敷地と周辺の状況や法的条件などの外的条件と、建築の所要室や面積、工期と予算などの内的条件から規定され与えられた条件である。

3）デザインモチーフ

空間とかたちのイメージあるいは形そのものに直接影響を及ぼす実体的主題である。デザインモチーフを「空間とかたち」の契機とする方法はけっして新しいものではない。

日本建築において最も代表的な伊勢神宮は、'出雲大社庁の舎'と同じく稲束をかける"いなかけ"に似ている（写真-2）。伊勢神宮の正殿は、屯倉（稲作にとって最も大切な斎庭の稲穂と初穂を入れる高床の稲倉）を原型として考えられている注1。

厳島神社は、厳島の主峰弥山を御神体とした山岳信仰に発したものであるが、その弥山から眺める神社はまさに鳥の形に似ていないだろうか（写真-3）。祭神である宗像三女神は2羽の神鳥の先導によってこの島に連れてこられたとされている。

このように建築の「空間とかたち」は、古代よりいろいろなイメージを想起させると同時に、おそらくその多くは文脈にこれらのモチーフが「かたち」をつくる契機となっているのでないだろうか、と推測させる。

注1. 上田 篤『日本人の心と建築の歴史』（鹿島出版会、2006）

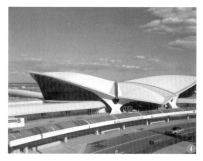

写真 - 4　TWA空港ターミナル（エーロ・サーリネン）

写真 - 6　竜安寺の石庭

写真 - 5　シドニー・オペラハウス（ヨルン・ウッツォン）

写真 - 7　スルタン・ナーセル・モスク

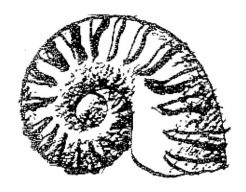

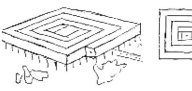

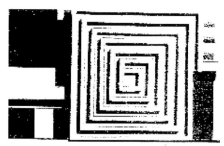

図 - 7　成長する美術館（ル・コルビュジエ）

□デザインモチーフについて

デザインモチーフには多くの実体的形態が存在する。それらは、主に有機的形態・人工的形態・自然現象と自然造形そして幾何学的形態の4種類に大別できる。

1）有機的モチーフ

このモチーフは主に動物や植物で、その成長・変化・変身・増殖・代謝など有機体がもつ構造や形態から建築の空間とかたちをつくる契機となるもの。

2）人工的モチーフ

このモチーフは、機械・道具・芸術・文化など人間によって人工的につくられたものが空間とかたちをつくる契機となるもの。
20世紀初頭の機械文明を代表する飛行機をモチーフにしたル・コルビュジエの ' 国際連盟計画案 ' が有名である。

3）自然現象と自然造形的モチーフ

雨、雲、雪など気候状況・地形環境・宇宙の星など自然の現象や自然によこたわる造形が空間とかたちをつくる契機となるもの。

4）幾何学的モチーフ

幾何学的形態である円・正方形・三角形およびその性質である比率・分割・対比など抽象的形態と性質から空間とかたちの統一を図る契機となるもの。

□デザインモチーフと「空間とかたち」との関係

デザインモチーフから空間とかたちに伝達される方法は、直截的表現・隠喩的表現・類推的表現の三つが考えられる。また、デザインモチーフが空間とかたちに直接反映される側面（部位）には、大きく分けて形態的側面・表層的側面・機能的側面・構造（技術）的側面の四つが考えられる。

1）伝達方法

（1）直截的表現（ダイレクト）

デザインモチーフの直接的表現ともいえる。建築のかたちがデザインモチーフとダイレクトな結付きの表現である。いいかえると、デザインモチーフをそのまま建築のかたちにしてしまう大胆な表現方法ともいえる。

この表現の代表的なものに 'TWA空港ターミナル' や ' シドニー・オペラハウス ' がある。'TWA' は、飛行機が飛ぶイメージとして鳥が翼を広げた形を描いた。その形があの見事なカーブを描いた 'TWA' の屋根になった（写真-4）。' シドニー・オペラハウス ' は、海に浮かぶヨットの帆がヒントになっている。港に突き出した岬の先端に風をはらんだヨットの帆がそのまま屋根の形になった（写真-5）。

'TWA' のエーロ・サーリネンも ' シドニー・オペラハウス ' のヨルン・ウッツォンもデザインモチーフを実現させるためには膨大なエネルギーをかたむけ徹底的にかたちを練り上げる努力をしている。それゆえに20世紀の代表的な建築になったのである。

しかし、誰もがこの方法をまねてしまうと、とんでもないしろものができる危険をはらんでいる。

（2）隠喩的表現（メタファー）

隠喩とは、言葉のうえではたとえの形式をとらない比喩で修辞法の一つである。

メタファー（metaphor）という語源は、meta（…をこえて）+ pherein（運ぶ）というギリシャ語を語源とし、建築においては本来の意味を別の意味へと移動させる手法でよく用いられる。

この表現の代表的なものは、' 竜安寺石庭 ' やコルドバのモスクなどがある。

竜安寺の石庭は日本独自の作庭技法によるもので、乾いた白砂が水、小石が島のメタファーと解釈される（写真-6）。コルドバのモスクや 'スルタン・ナーセル・モスク ' は、砂漠など乾燥地帯のオアシスを設計テーマとしている。礼拝室内の多数の柱（多柱）は森と木陰のメタファーである（写真-7）。

このような方法は、設計テーマの置換としてよく利用される。

デザインモチーフと種類		伝達方法	反映する側面		空間とかたち
有機的形態	（動物・植物）	直裁的表現　（direct）	形態的側面	⇒	空間とかたち
人工的形態	（機械・文明・文化）	隠喩的表現　（metaphor）	表層的側面		（面材、骨組、
自然現象と造形	（天体・気候風土）	類推的表現　（analogy）	機能的側面		線材、面・骨・線材）
幾何学的形態	（円、正方形、比率）		構造（技術）的側面		
			環境的側面		

表 - 1　デザインモチーフと空間とかたち

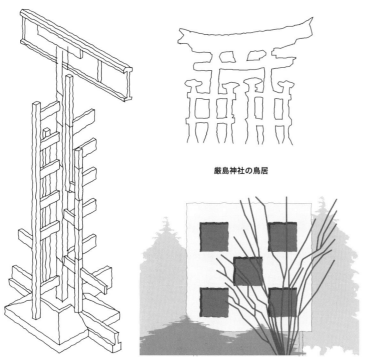

厳島神社の鳥居

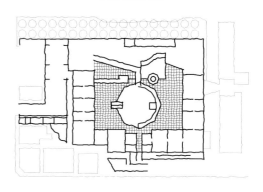

アルテスムゼウム

図 - 8　'東光園ホテル'の柱
（菊竹清訓　鳥取　1964）

図 - 9　サイコロの家
（相田武文　静岡　1964）

図 - 10　シュトゥットガルト美術館（ジェームス・スターリング　1984）

（3）類推的表現（アナロジー）

アナロジー（analogy）という概念は、両者の類似性に基づいて特殊の事物から他の事物へと推理を及ぼすことである。有機体の構造や形態は、まさに建築や都市のあるべき構造や形態を類推するのに適したモデルであった。

この表現の代表的なものは、ル・コルビュジエの「成長する美術館」である（図-7）。'アメーダバード美術館'（1953）で初めて実現したこの構造は、巻貝の成長の仕方に着目してそれを美術館の成長に重ねたものである。

2）反映する側面（影響部位）

（1）形態的側面

デザインモチーフが主に建築のかたちをつくる契機となる。これは建築の全体形を統一する全体構成と、建築の一部である重要な部位の形を規定する部分構成がある。

多くは全体構成であるが、中には'東光園ホテル'の柱のように重要な部分構成がある。東光園のロビーの柱は、鳥居の脚部にヒントを得て太すぎる柱を添え柱を付けることで1本の柱の力を下方に分散している好例である（図-8）。

（2）表層的側面

これは形態的側面の一部に違いないが、ここでは特に建築の外と内を問わず空間のある1表面、例えば床・壁・天井・ファサードといった主に表面の様相をつくる契機となる。

これが表装的側面となるとどうか。「装う」とは、"立派な衣服や装身具で飾り整えること""実際はそうでないのにいかにもそうであるかのようにみせかけること"である。建築で考えるならば、デザインモチーフが建築の文脈とまったく関わりのないうわべだけの偽装をいう（図-9）。このようなデザインが横行したらどうであろうか。必ずしもよいデザインとはいいがたい。

（3）機能的側面

デザインモチーフが主に建築の使われ方を構成する契機となること。これは建築の外形でなく、主として平面形を統一する働きをもつ。ここで最も多い例は建築のプロトタイプをモデルとすることである。

'シュトットガルト美術館'は、19世紀前半の公共建築美術館のプロトタイプの一つであるベルリンの'アルテスムゼウム'を踏襲している（図-10）。同じようにアルヴァ・アールトの'セイナッツァロの役場'（フインランド、1952）は、多くの中庭・広場を囲む公共建築のプロトタイプであった。

（4）構造（技術）的側面

デザインモチーフが主に建築の構造的側面、すなわち構造の構成方法や技術的なつくられ方を構成する契機となること。

設計事例の'多磨霊園納骨堂'は理解しやすい例といえる。この納骨堂は、木桶をつくるようにコンクリートプレキャスト版にテンションをかけながら、外周を竹で緊結しながら桶をつくるように建て込んでいく。もちろんデザインモチーフは桶である。

（5）環境的側面

デザインモチーフが主に建築の環境的側面を担う契機となること。

これには大きく二通りある。光・風・熱などにおいて、一つめは、自然条件の中にある潜在的なエネルギーを拾い出して利用すること。二つめは、環境工学的な機械装置を用いて機能することである。前者では'名護市庁舎'、後者では'ジャン・マリー・チバウ文化センター'が代表的である。

以上のデザインモチーフを整理したものが表-1である。以下に面材、骨組、線材、面・骨・線材の4項目に分けられた建築について、それぞれどのようなデザインモチーフが考えられるかあげてみる。

掲載した作品は、「かたち」をつくることの触発でもあるのでダイヤグラムと異にし、海外の作品を積極的に掲げた。

1 面材によってつくられる「空間とかたち」の発想

いろいろな発想は、当然、面材によってつくられる建築のみに適応されるものではない。しかしながら、その発想と「かたち」となる要素（部位）が関係し、表現された要素は、結果としてある程度類型化されてくると考えられる。デザインモチーフが「かたち」として表現される面の構成要素は大きく以下の四つに分けられる。「ある形をモチーフにする」ケースは、建物の場所や建築用途などとの文脈が考えられる。面の場合、デザインモチーフが誘発されやすい要素は、「壁」と「壁と床の一体化によってつくられるオブジェ」といえる。

■ 壁について

1 壁に穴を開ける。壁を切り取る。

壁に穴を開けたり、壁を切り取ることでデザインモチーフを表現する。一般的に直截的表現が多く、何を意味しているのかが明快である。

宝石の原石
(MIKIMOTO GINZA 2)

樹木
(TOD'S 表参道ビル)

光（神）
(茨木春日丘教会)

2 壁に模様をつける。

壁にニッチを設けたり、左右の開口を工夫して模様や記号を刻み、あるメッセージを表現する。

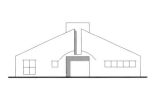

歴史的様式
(母の家)

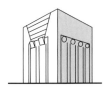

歴史的様式
(ポートランドビル)

■ 床（屋根）について

1 屋根（床）があるモチーフを表現。

主として屋根（床）の形がデザインモチーフを表現する。その形は、立地する場所の地形・背景などと関連することが多い。

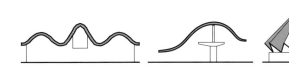

2 立方体の集積・組合せで表現。

立方体の集積や組合せという抽象的な表現があるデザインモチーフを表現する。

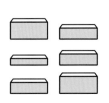

石碑・石棺
(ホロコースト記念碑)

ヒンズー教的世界観
(ジャワハル美術館)

■ 壁と床によってつくられる箱

1 ある形をモチーフにする。

平面あるいは曲面の構成によって、具体的モチーフを形にする。表現される形は隠喩的表現が多い。

月・太陽
(奈義町現代美術館)

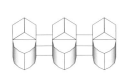

船
(バシアンのヴィラ)

客家
(京都宝ヶ池
プリンスホテル)

2 立方体の組合せを「かたち」にする。

円柱・角柱・四角錐など基本的な立方体の組合せによってある「かたち」を表現する。

相貫体
(東京工業大学百年記念館)

正方形と円
(富弘美術館)

■ 壁と床の一体化によってつくられるオブジェ

1 ある形をモチーフにする。

壁・床など区別がない彫塑的なオブジェをモチーフとしてかたちにする。題材は有機的な生命体が多い。

巻貝
(リラクゼーションパーク・
イン・トレヴィエハ)

朝顔のつぼみ
(住宅・蕣居)

2 幾何学的構成をつくる。

純粋幾何学および数式による法則に沿ってかたちをつくる。

連続性による不連続体
(SPRING TECTURE 播磨)

3枚のスパイラルウォール
(モード学園スパイラルタワーズ)

作品・設計テーマ	デザインモチーフ	伝達と反映	空間とかたち
■ MIKIMOTO GINZA 2 「商業ビルのシンボル性」 設計：伊東豊雄建築設計事務所＋大成建設 （東京、2005）	□ 宝石の原石 （自然造形） 壁の孔は原石の形を表現。	□ 伝達方法 ・**直截的表現** ・隠喩的表現 ・類推的表現 □ 反映する側面 ・**形態的側面** ・表層的側面 ・機能的側面 ・**構造的側面** ・環境的側面	

設計者は、この建物が周辺環境に埋もれてしまわないシンボル性を、従来にない構造体で表現しようとした。その結果、四面鋼板コンクリート構造とし、面に孔を開け窓とした。この孔は明らかにポジティブな存在で、ビルの所有者（総合宝飾業）をシンボライズしたものである。

類似例
・TOD'S表参道ビル（伊東豊雄建築設計事務所、東京、2004）
　壁面に表参道のシンボル性であるケヤキを抽象化。

■ 奈義町現代美術館 「日本の文化空間 の見立て」 設計：磯崎新アトリエ （岡山、1994）	□ 太陽、月、山、水図 （自然造形） 月 大地 那岐山頂方向軸 太陽 南北軸 中秋の名月22:00の方向軸 **展示室の外形は「太陽」「月」「大地」のメタファー**	□ 伝達方法 ・直截的表現 ・**隠喩的表現** ・類推的表現 □ 反映する側面 ・**形態的側面** ・**表層的側面** ・**機能的側面** ・構造的側面 ・環境的側面	

狙いは、日本古来の文化空間の再解釈・引用、さらに、近代日本の表層的な西欧受容と短絡的な日本回帰、その双方に対する批判を建築空間として可視化する試み。空間構成は中央北側に那岐山を遠望し、その軸線上に「水」と河原石のうつろいによる「地」、その両側に「太陽」と「月」の部屋を配置。

類似例
・ニース国立東洋美術館（丹下健三・都市・建築設計研究所、フェニックス、1998）
　建築は、正方形が「地」・円形が「天」・四角錐が「山」をイメージし、東洋の伝統的な図形をモチーフにしている。

■ ホロコースト記念碑と 情報センター 「記憶を甦らせる」 設計：ピーター・アイゼンマン ／ダグマー・フォン・ヴィルケン （ドイツ・ベルリン、2005）	□ 石碑・墓標・石棺 （人工的形態）  **コンクリートブロックは厚さ0.95m、 横幅2.38m、高さ0m〜約4.5mである。**	□ 伝達方法 ・直截的表現 ・**隠喩的表現** ・類推的表現 □ 反映する側面 ・**形態的側面** ・表層的側面 ・機能的側面 ・構造的側面 ・環境的側面	

石棺を思わせるコンクリート製の石碑がベルリン中央の広大な敷地に2711基、グリッド上に並ぶ。迷路のような巨大モニュメントは人々の心に鮮烈な印象と不安を与える。地下に建設した情報センターの天井は地上の石碑を連想させるたくさんの窪みを有する。設計者は見事にホロコーストの悲惨さを視覚化。

類似例
・ジャワハル美術館（チャールズ・コレア、インド、1991）
　建物は宇宙の秩序をヒンズー教的に解釈した9個の正方形プランで表現され、9個の天体にちなんだ区画を素材、色彩、デザインで表現されている。

作品・設計テーマ	デザインモチーフ	伝達と反映	空間とかたち

□ リラクゼーションパーク・イン・トーレヴィエハ

「ランドスケープの建築化」

設計：伊東豊雄建築設計事務所
（スペイン・バレンシア、2006）

□ **スパイラルと巻貝**
（有機的形態）

スチール丸鋼と木の梁を組み合わせた構造で巻貝を表現。

□ **伝達方法**
・**直截的表現**
・隠喩的表現
・類推的表現

□ **反映する側面**
・**形態的側面**
・表層的側面
・機能的側面
・**構造的側面**
・環境的側面

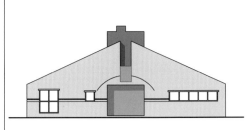

リラクゼーションパークの案内所。「五感に働きかける、生き生きとした生命感にあふれる自然環境を建築にできないか」、というのがリラクゼーションパークのテーマという。砂丘の風紋のような流れと幾何学の抽象性を重ね合わせたことが、スパイラルという言葉とともに巻貝のイメージと重なったようだ。

類似例
・愛媛県民館（東大・丹下研究室、愛媛・松山市、1953）
　日本における初期の代表的なRC造シェル構造で帆立貝を表現。

□ 母の家

「装飾の図像学的な
表徴的操作」

設計：ロバート・ヴェンチューリ
（アメリカ・ペンシルヴァニア、1962）

□ **歴史的な意匠・様式の引用**
（人工的形態）

ポルティコ、横架材、アーチなどを現代的に表現。

□ **伝達方法**
・直截的表現
・**隠喩的表現**
・類推的表現

□ **反映する側面**
・形態的側面
・**表層的側面**
・機能的側面
・構造的側面
・環境的側面

ポスト・モダニズム時代のきっかけとなった作品。ファサードには、古典主義建築の意匠を模倣したかのように中央に矩形のポルティコ、その上に横架材、アーチのレリーフなどを構成。作品は、歴史的記憶をもつ意匠・様式が引用され、複合化され、ヴェンチューリのデザイン理論の出発点となった。

類似例
・ポートランド・ビル（マイケル・グレイヴス、アメリカ・オレゴン、1982）
　アールデコの装飾性、平面の左右対称性などを引用。この作品はポスト・モダンの歴史主義と呼ばれた。

□ 東京工業大学百年記念館

「都市・機械」

設計：篠原一男
（東京、1987）

□ **相貫体**
（幾何学的形態）

工業部品による相貫を表現。

□ **伝達方法**
・直截的表現
・隠喩的表現
・**類推的表現**

□ **反映する側面**
・**形態的側面**
・表層的側面
・機能的側面
・構造的側面
・環境的側面

形態は、空中に浮かぶ水平の半円柱面と橋脚に似た垂直角柱面との相貫である。半円柱面はただ突き抜けるだけでなく意図的に折り曲げられている。工業部品の接合を彷彿させる形態は工業大学を象徴しているともいえる。設計者は、この作品の前にプログレッシヴ・アナーキと零度の機械という象徴概念を提示。

作品・設計テーマ	デザインモチーフ	伝達と反映	空間とかたち
☐ 谷村美術館 「建築用途を表現」 設計：村野・森建築事務所 （新潟、1983）	☐ 仏像・仏寺伽藍 （人工的形態） 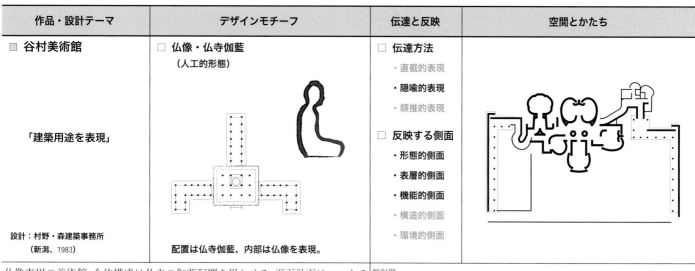 配置は仏寺伽藍、内部は仏像を表現。	☐ 伝達方法 ・直截的表現 ・隠喩的表現 ・類推的表現 ☐ 反映する側面 ・形態的側面 ・表層的側面 ・機能的側面 ・構造的側面 ・環境的側面	
仏像専用の美術館。全体構成は仏寺の伽藍配置を思わせる。平面計画はエントランスホールを設けず、その代わりにコの字型の回廊を設け入館者の鑑賞前後の気持ちに対応する。中心（金堂にあたる部分）に位置する展示空間は、まるで1体ずつ仏像をつくる「くりぬく」手法のような印象を与える。		類似例 ・兵庫県立歴史博物館（丹下健三・都市・建築設計研究所、兵庫、1982） 骨組によってつくられる建築ではあるが、平面計画は姫路城にならって巴形の城郭構成をもつ。	
☐ 西脇市岡之山美術館 「ヴォールト状の天蓋 をもつギャラリー」 設計：磯崎新アトリエ （兵庫、1994）	☐ 列車 （人工的形態）  各車両は年代別展示として表現。	☐ 伝達方法 ・直截的表現 ・隠喩的表現 ・類推的表現 ☐ 反映する側面 ・形態的側面 ・表層的側面 ・機能的側面 ・構造的側面 ・環境的側面	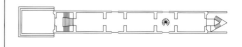 
美術館は特定作家の作品のコレクションを主な目的としている。形態は敷地がJR加古川線に接しているため「列車」を転写。展示空間は列車のように線形に構成され、各ギャラリーは60、70、80年代別に作品が分けられている。連結部分は前室にあてられ展示空間の増設も可能とされる。		類似例 ・国立科学技術博物館（レンゾ・ピアノ、オランダ・アムステルダム、1997） 面によってのみつくられる建築ではないが、港に面したこの施設の外観は客船のイメージである。	
☐ 富弘美術館 「非中心性・ 非全体性・ 非均質性」 設計：aat＋ヨコミゾマコト建築設計事務所 （群馬、2005）	☐ 正方形・円 （幾何学的形態）  正方形に複数の円を構成。	☐ 伝達方法 ・直截的表現 ・隠喩的表現 ・類推的表現 ☐ 反映する側面 ・形態的側面 ・表層的側面 ・機能的側面 ・構造的側面 ・環境的側面	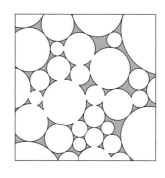
この作品は相対性よりも絶対性、非全体性よりも全体性、非中心性よりも中心性という性質をもつ円を用いながら、あえてその反対をテーマとした意欲作。すべてのサークルが、個々の働きをもちながら相対的に絡み合う構成。円という図形がもつ無方向性は、この美術館にとって動線計画上有効であった。		類似例 ・Exhibitions of Own Works and Ideas（アルド・ヴァン・アイク、アムステルダム 1989）自らの作品と考えを展示するための会場構成。八つの円形の壁を設置し、展示壁とスペースを創出。	

□概要

間接参拝対面型という新しい参拝形式の納骨堂の計画である。この参拝形式は、従来の直接参拝型（各家族壇に直接アプローチし参拝する形式）と間接参拝型（納骨堂自体を一つの納骨壇に見立て、抽象化されたモニュメントに対して参拝する形式）の中間タイプである。収容数は5,200基（約2万1,000体）である。

□空間のかた

- 参拝者はまず拝殿と称する中央の祭壇の前で花や供え物を供え、納骨堂の中央に穿たれた開口部に向かって参拝する。その後回廊を巡り階段を降りて地下の霊堂に至る。中央にある円錐形のモニュメント越しに界壁の背後に安置された納骨壇と対面する。対面がすんだ後、参拝者は再び入ってきた方向と逆の階段を昇って回廊を通り元の祭壇へ戻り参拝を終える。

- 外壁は148枚の打放しコンクリートPC版[※1]（長さ約20m、厚さ50cm、幅は底部で78cm、頂部で127cm、最大38t）を地中深くに突き立てるように逆円錐形に並べ、PC鋼線[※2]で緊結し、プレストレス[※3]を導入した後、グラウトを注入して独立した構造体として自立させる。

- 直径60mの屋根は曲率半径86mの鉄骨造のドームである。ドームはH形鋼と鋼管を用いた梁成1.2mのトラス梁で構成している。

- 直径60mの屋根の中央部には直径15mのトップライトが設けられている。自然光はFRP製のシェード、ステンドグラスを通じて霊堂内に導かれ、直径12mの水盤に満たされた水に反射し周囲の界壁（モザイクタイル張）を照らす。

※1　PC版：precast concrete panel あらかじめ型枠に打ち込んで製造したコンクリート板
※2　鋼線：steel wire 鋼製の線材、一般に円形断面であるが特殊な断面形状のものもある
※3　プレストレス：prestress 外力による応力を打ち消すように、あらかじめ計画的に部材に与えられる応力

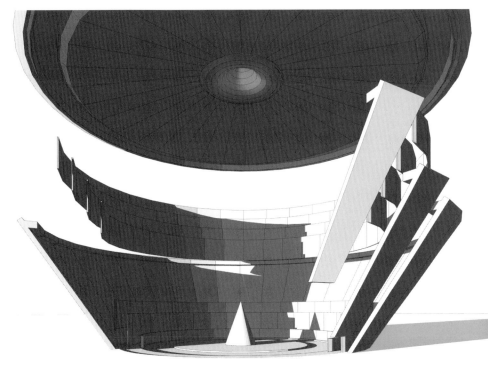

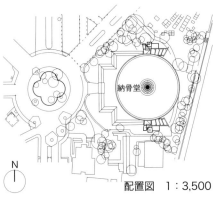

配置図　1：3,500

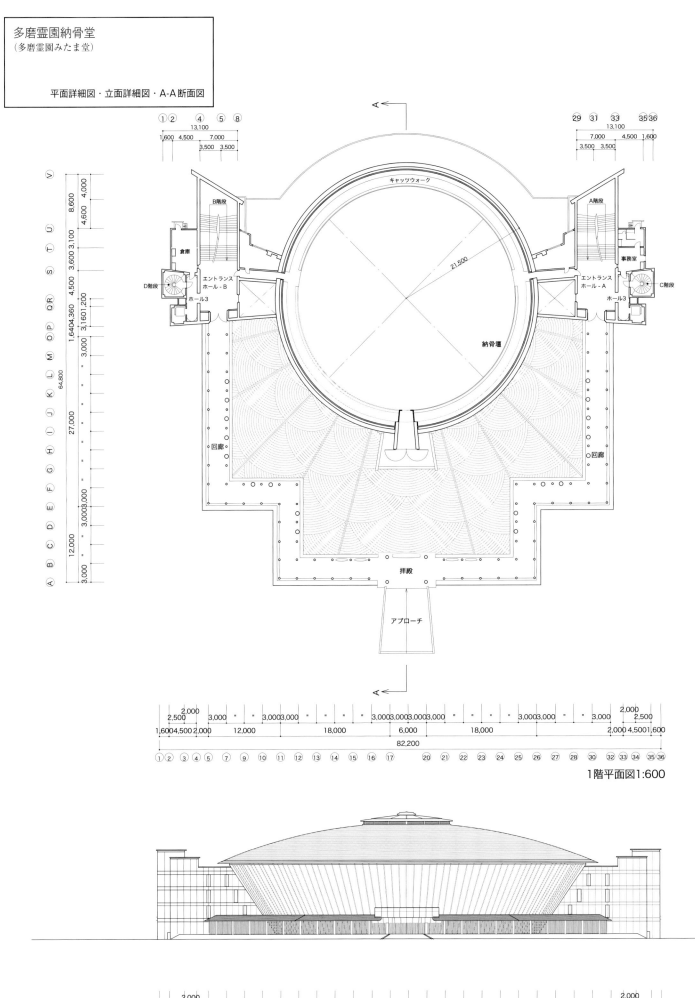

多磨霊園納骨堂
（多磨霊園みたま堂）

平面詳細図・立面詳細図・A-A断面図

1階平面図1:600

西立面図 1:600

20

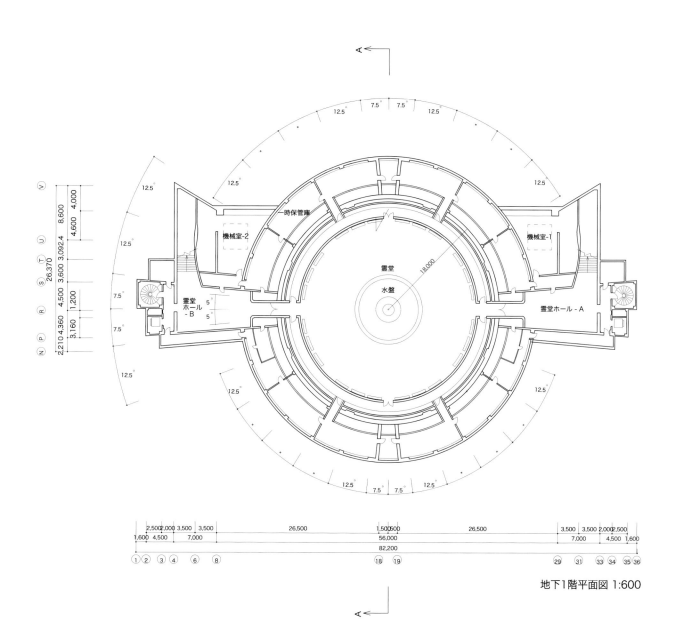

機械室-2

一時保管庫

霊堂
ホール-B

霊堂
水盤
18,000

機械室-1

霊堂ホール-A

地下1階平面図 1:600

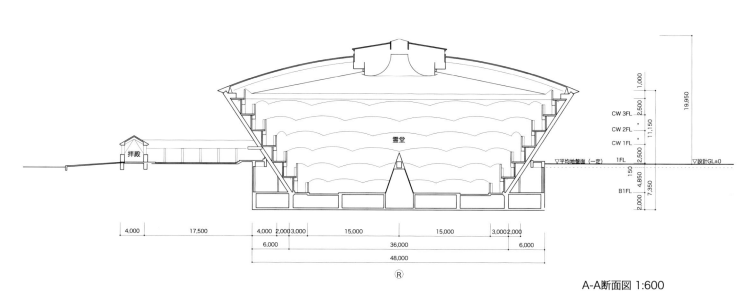

拝殿

霊堂

A-A断面図 1:600

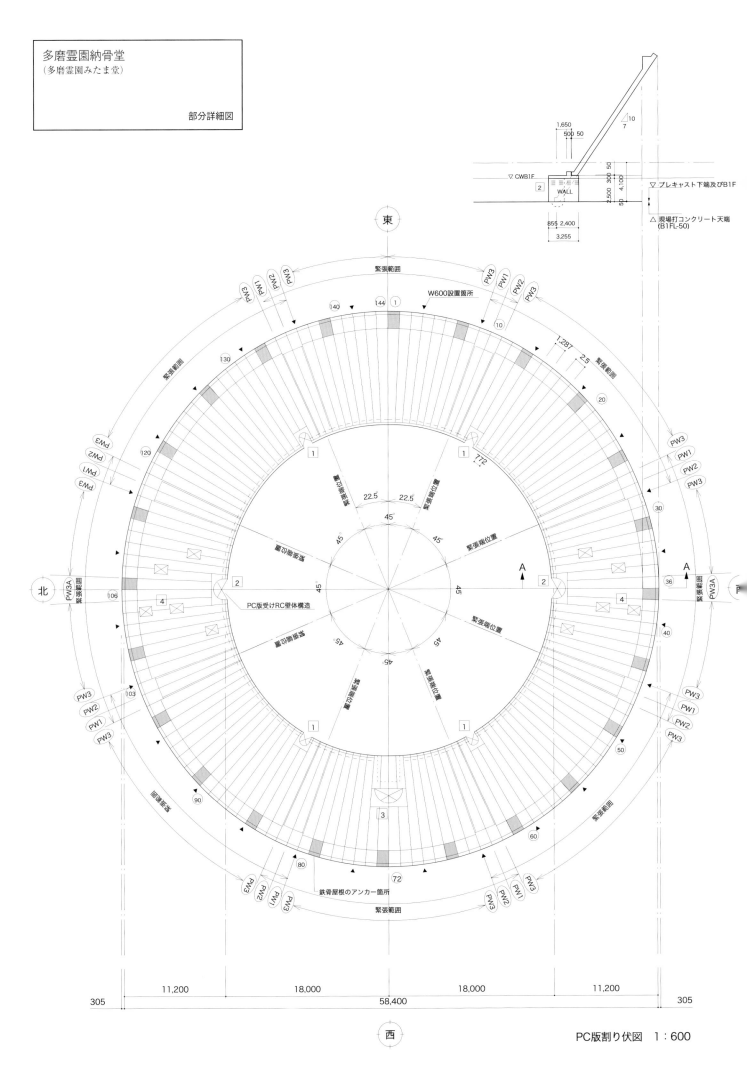

多磨霊園納骨堂
（多磨霊園みたま堂）

部分詳細図

PC版割り伏図　1：600

22

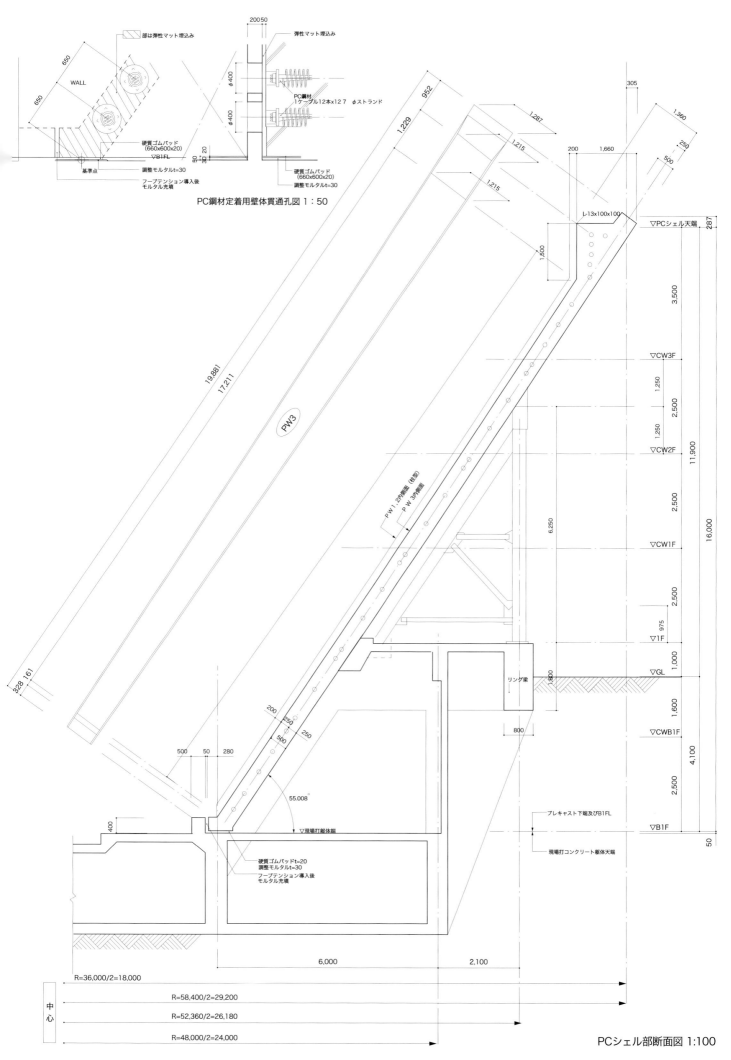

部は弾性マット埋込み

WALL

650
650

弾性マット埋込み

200 50

φ400

φ400

PC鋼材
1ケーブル12本x127 φストランド

硬質ゴムパッド
(660x600x20)
▽B1FL

基準点

調整モルタルt=30

フープテンション導入後
モルタル充填

硬質ゴムパッド
(660x600x20)
調整モルタルt=30

PC鋼材定着用壁体貫通孔図 1：50

952

1,229

1,287

305

1,360

1,215

1,215

200

1,660

250

500

1,500

L-13x100x100へ

▽PCシェル天端

287

19,881
17,211

PW3

3,500

▽CW3F

1,250

2,500

1,250

▽CW2F

11,900

16,000

PW1,2内側面(柱型)
PW 3外側面

6,250

2,500

▽CW1F

2,500

975

▽1F

1,000

リング梁

1,800

▽GL

800

▽CWB1F

328 161

55.008°

200
250
500
250

400

500 50 280

▽現場打躯体端

硬質ゴムパッドt=20
調整モルタルt=30
フープテンション導入後
モルタル充填

1,600

4,100

2,500

プレキャスト下端及びB1FL

現場打コンクリート躯体天端

▽B1F

50

6,000

2,100

R=36,000/2=18,000

中心

R=58,400/2=29,200

R=52,360/2=26,180

R=48,000/2=24,000

PCシェル部断面図 1:100

23

■壁柱を建て込む
（鋼板付きPC）
えんぱーく
（塩尻市市民交流センター）

□概要
かつて商店街で賑わっていた地区に、図書館を中心に子育て支援、商工会議所、市役所分室、民間オフィスなどを複合化させ、活気を取り戻すべく計画された再開発事業の核となる複合建築である。

□空間のかた

- 薄い壁柱を実現させるため、プレキャストによる鋼板付き鉄筋コンクリート構造を開発。壁柱は、厚さ200mmのコンクリートの片側に鋼板6mmがスタッドボルトで一体化されている。

- ランダム配置された97枚の薄い片側鉄板プレキャストコンクリートの「壁柱」によって、新しい"街"の密度を生み出すと同時にみえがくれする緩やかに囲まれたオープンな場所を無限に生み出している。

- 2階と3階は、鉄骨格子梁にデッキコンクリートスラブで施工。壁柱との接合は、ガセットプレートによるピン接合とした。壁柱頂部の4階スラブは剛性の高いフラットボイドスラブとし、4階から上部の鉄骨架構を自由に配置できるようにしている。

- 四つの大きなトップライトを設け、吹抜けとその下に広がるコート（広場）に注ぐ自然光が「壁柱」との相乗効果でさまざまな陰影をつくり出し、センター全体が街中の"森"のような自然の風景になるよう設計している。

配置図　1：15,000

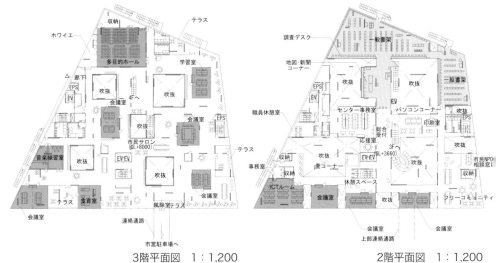

3階平面図　1：1,200

2階平面図　1：1,200

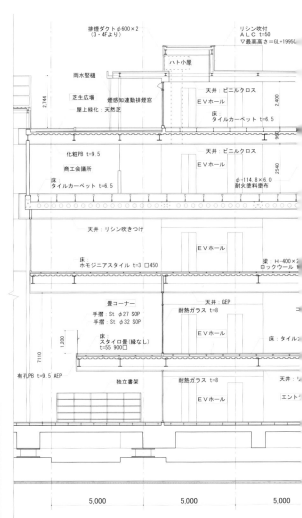

1階平面図　1：700

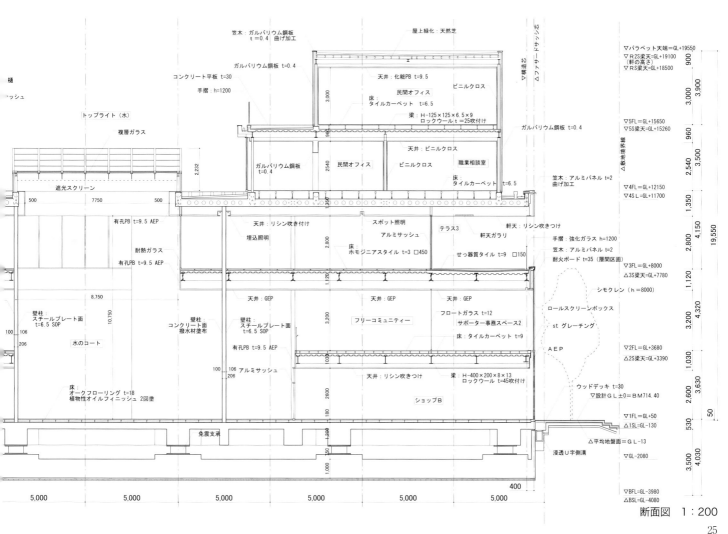

断面図　1：200

25

■壁を建て込む
（鉄板を短冊状に）

ナチュラル・スラット

□概要

東京郊外に計画された住宅である。約30坪の敷地に60枚の縦型スラット（＝羽根板）を45度開きながら壁建物外周をぐるりと囲む計画である。

□空間のかた

- 45度に開いた60枚のスラットを柱およびブレースとして機能させ、それらを梁プレートに連結した鉄骨ブレース付きラーメン構造である。
- 柱を25mm角、ブレースを3.2mm厚のスチールプレート、梁を25mm厚のスチールプレートとする。
- 各スラットはブレースとしての鉄板、断熱材としての硬質ウレタンフォーム、仕上げ材としてのフレキシブルボードにより総厚25mmの一体パネルとして形成される。
- スラットは構造＝ストラクチャーとしても環境＝アンビエンスとしても機能している。スラットの間にペアガラスやスチールサッシ、同様の断熱パネルをはめることで建物の境界がつくられている。

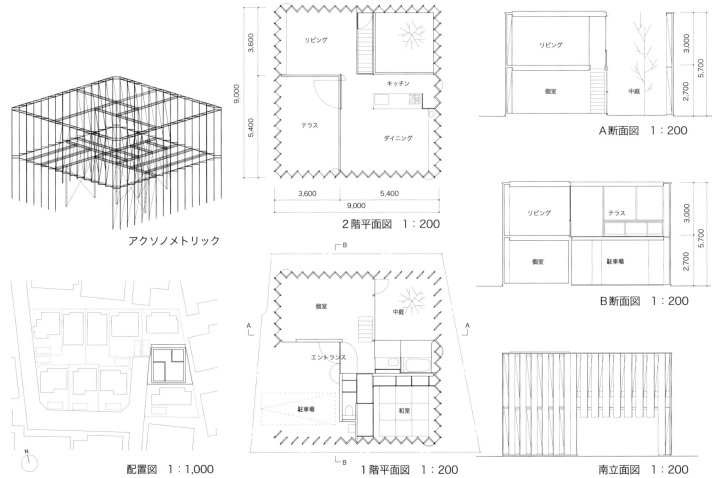

アクソノメトリック

配置図　1：1,000

2階平面図　1：200

1階平面図　1：200

A断面図　1：200

B断面図　1：200

南立面図　1：200

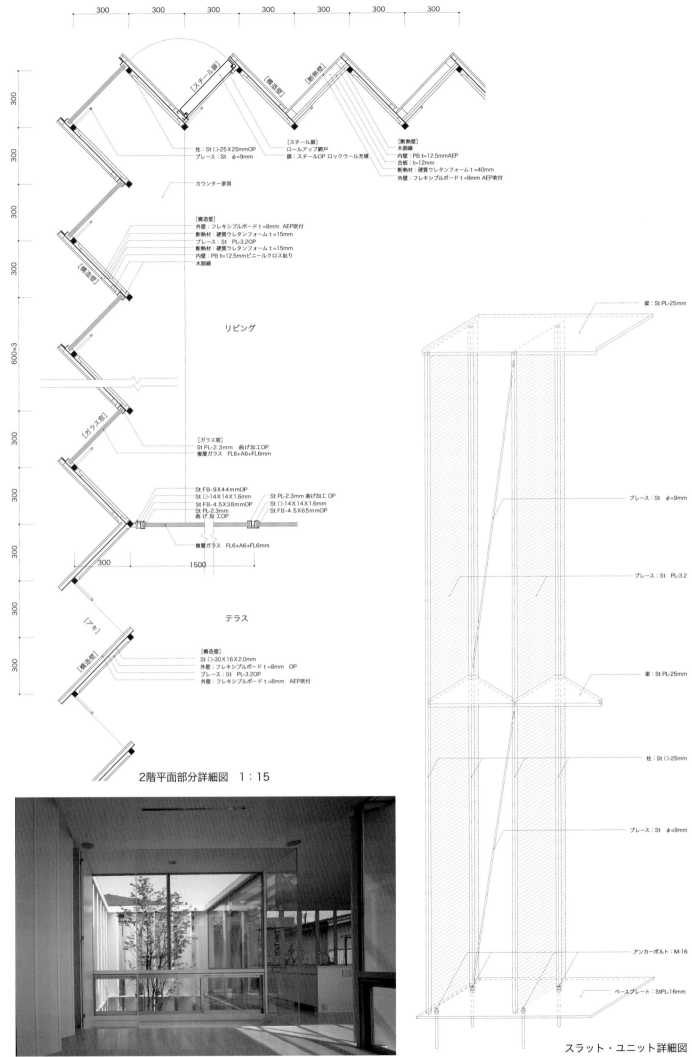

300　300　300　300　300　300　300

300

300

300

300

600×3

300

300

300

300

[スチール扉]
[構造壁]
[断熱壁]

柱：St □-25X25mmOP
ブレース：St φ=9mm

[スチール扉]
ロールアップ網戸
扉：スチールOP ロックウール充填

[断熱壁]
木胴縁
内壁：PB t=12.5mmAEP
合板：t=12mm
断熱材：硬質ウレタンフォーム t=40mm
外壁：フレキシブルボード t=8mm AEP吹付

カウンター家具

[構造壁]
外壁：フレキシブルボード t=8mm AEP吹付
断熱材：硬質ウレタンフォーム t=15mm
ブレース：St PL-3.2OP
断熱材：硬質ウレタンフォーム t=15mm
内壁：PB t=12.5mmビニールクロス貼り
木胴縁

リビング

[ガラス窓]
St PL-2.3mm　曲げ加工OP
複層ガラス　FL6+A6+FL6mm

St FB-9X44mmOP
St □-14X14X1.6mm
St FB-4.5X38mmOP
St PL-2.3mm
曲げ加工OP

St PL-2.3mm曲げ加工 OP
St □-14X14X1.6mm
St FB-4.5X65mmOP

複層ガラス　FL6+A6+FL6mm

300　　1500

テラス

[アキ]
[構造壁]

[構造壁]
St □-30X16X2.0mm
外壁：フレキシブルボード t=8mm OP
ブレース：St PL-3.2OP
外壁：フレキシブルボード t=8mm AEP吹付

2階平面部分詳細図　1：15

梁：St PL-25mm

ブレース：St φ=9mm

ブレース：St PL-3.2

梁：St PL-25mm

柱：St □-25mm

ブレース：St φ=9mm

アンカーボルト：M-16

ベースプレート：StPL-16mm

スラット・ユニット詳細図

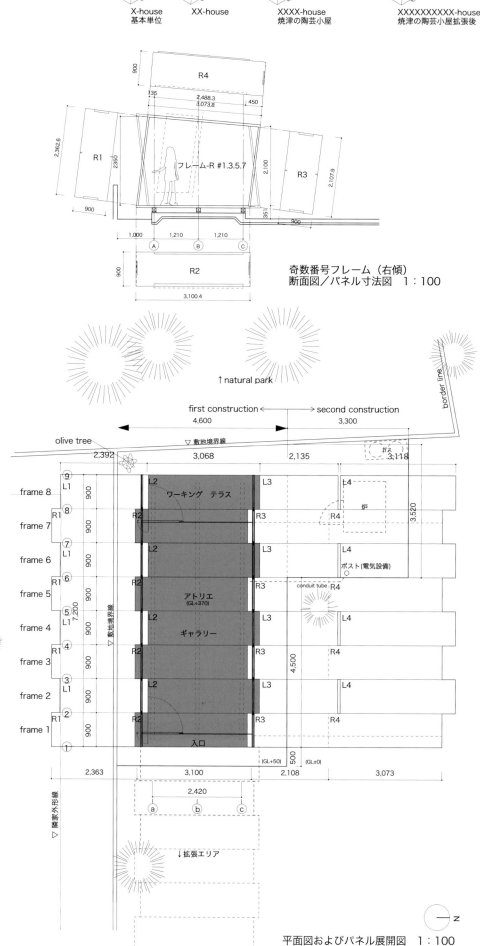

■折面をずらして組む
（木製パネル）

XXXX-house

□概要

150万円の超低予算で建てられた陶芸のための工房である。セルフビルドでつくられる工夫がなされ、既存の工法に頼らない新たな建築の可能性を垣間みることができる建築である。

□空間のかた

- 左右に傾く2種類のフレームを1ユニットとして、壁面にできるX型が反復されることで一種のずれトラス構造ができる。このユニットを連続させることで無柱のチューブ空間が生まれる。
- ずれにより生まれた三角形にガラスを取り付けて内部に光を導く。
- パネルは構造用合板（1,800×900×12）を使用。幅900mmを生かしたまま合板を4〜5枚張り合わせて主材とする。
- 三角形の採光スリットをもつ強固なチューブ状の無柱空間ができる。パネル種類は各フレーム4種類で、その反復によってどこまでも空間は拡張可能である。

X-house
基本単位

XX-house

XXXX-house
焼津の陶芸小屋

XXXXXXXXXX-house
焼津の陶芸小屋拡張後

奇数番号フレーム（右傾）
断面図／パネル寸法図　1：100

↑natural park

平面図およびパネル展開図　1：100

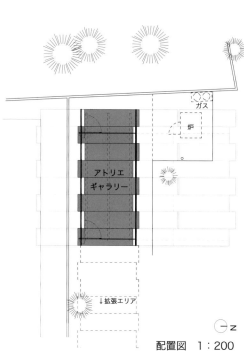

配置図　1：200

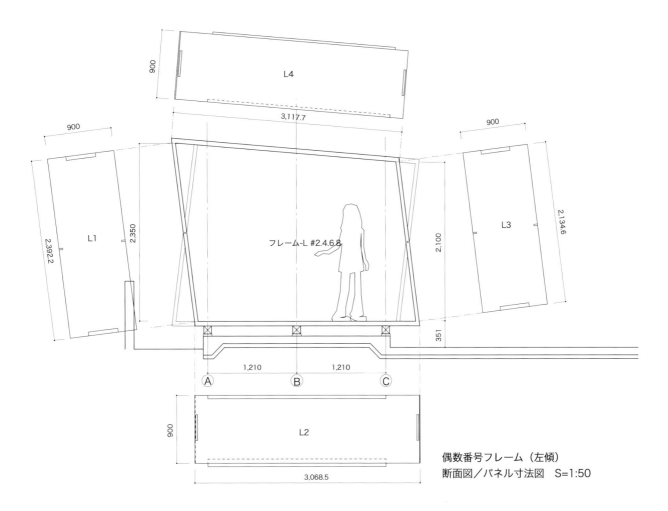

L4

900

3,117.7

900

900

L1

2,392.2

2,350

2,100

2,134.6

L3

フレーム-L #2.4.6.8

351

A 1,210 B 1,210 C

900

L2

3,068.5

偶数番号フレーム（左傾）
断面図／パネル寸法図　S=1:50

完成したパネル（建具屋作成）

溝きりステンレス棒に
ビニルテープを巻き付ける

完成したダボ

基礎完成

両側にXフレームを組んで
いく

Xフレームの間に
天井パネルを取り付ける

■板を交互に積層
（PC版を板状に）

積層の家

□概要

間口2間×奥行き5間の10坪の敷地に建てられ
た狭小住宅である。内部空間を広く確保するた
めに敷地境界至近まで外壁を建てつつ、狭い空
間を開放的にするためにプレキャストコンク
リートを積み上げる工法が採用されている。

□空間のかた

• PC部材の断面は50mm×180mmとする。
• PC部材の長さは3,600mmを最大として、数
　種類の長さが用意される。
• PC部材を互い違いに積み重ね、重なり合っ
　た部分をPC鋼棒で緊結することでバラバラ
　の部材は全体として作用する。
• 正面を除く三方の外壁には、断熱材サンドイ
　ッチ鋼板パネルをPC部材の外側に落とし込
　み、内側から特殊な金物で引き寄せて取り付
　ける。

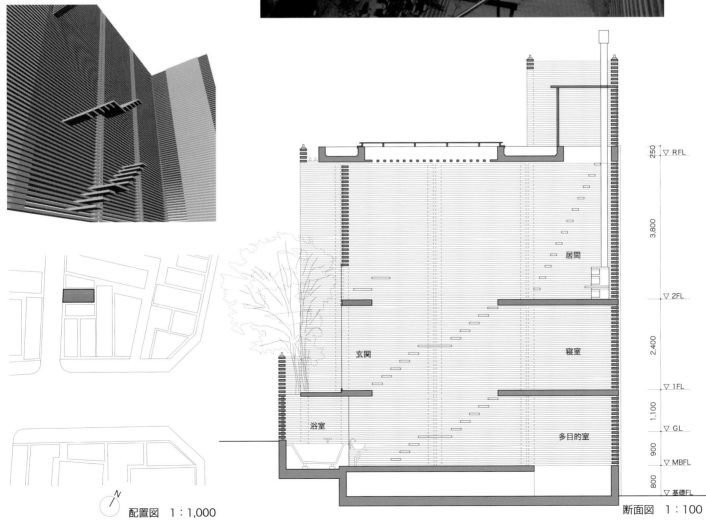

配置図　1：1,000

断面図　1：100

PC部材が積み重なって壁面が構成されている

施工途中の様子

工場でのPC取出し時

PC鋼棒の端部

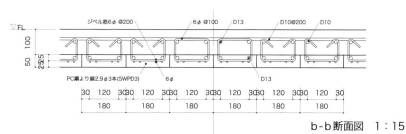

ジベル筋6φ @200　　6φ@100　　D13　　D10@200　　D10

▽FL
100
50
22.5
PC鋼より線2.9φ3本(SWPD3)　　6φ　　　　D13

30 120 30 30 120 30 30 120 30 30 120 30 30 120 30 30 120 30
180　　180　　180　　180　　180　　180

b-b断面図　1：15

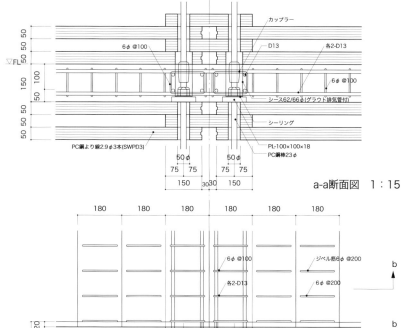

カップラー
6φ @100　　　D13　　各2-D13
▽FL 50 50 50
150 100
50
シース62/66φ(グラウト排気管付)
6φ @100
シーリング
PC鋼より線2.9φ3本(SWPD3)　　PL-100×100×18
PC鋼棒23φ
50φ　　50φ
75 75　　75 75
150　30 30　150

a-a断面図　1：15

180　180　180　180　180　180

6φ @100
各2-D13
ジベル筋6φ @200
6φ @200
b

180 20
160
b
6φ @100　　PL-100×100×18　　PC鋼棒23φ　　各2-D13
75 75　　75 75
150　30 30　150

接合部平面詳細図　1：15

X4

Y3　Y2　Y1
3,240
1,620　1,620

Y3　Y2　Y1
3,240
1,620　1,620

Y3　Y2　Y1
3,240
1,620　1,620

Y3　Y2　Y1
3,240
1,620　1,620

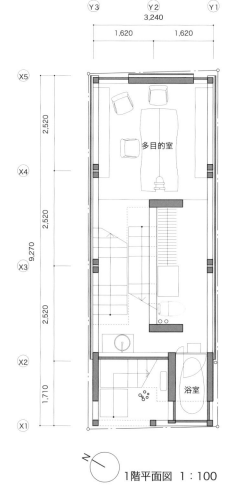

X5
2.520
X4
2.520
X3　9.270
2.520
X2
1.710
X1

多目的室

浴室

1階平面図　1：100

N

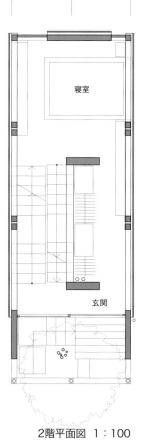

寝室

玄関

2階平面図　1：100

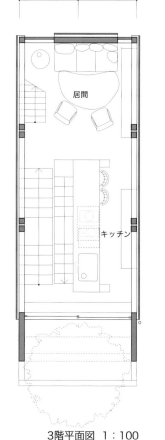

居間

キッチン

3階平面図　1：100

屋上

トップライト

R階平面図　1：100

■箱を積む
（鉄製の箱）

セル・ブリック

□概要

三人家族のために計画された住宅である。面白い住宅に住みたいというクライアントの要望に、建築家は鉄板でできたボックスを積み上げる案を提示し、実現させた。

□空間のかた

- 鉄板ボックスのモジュールは幅450mm×高さ900mm×奥行き300mmとする。

- 鉄板ボックスを千鳥に積み上げその間に開口を設ける。奥行きが300mmなので、ブリーズソレイユのように夏の光を遮り冬の光を取り込めるようにしている。

- 鉄板ボックスは単体で作成し、トラックに積める大きさの単位でユニット化する。トラックで現場に運ばれたユニット単位の鉄板ボックスをボルトで接合する。

- 鉛直荷重は鉄板ボックスのエッジをあみだくじのように伝える。地震力は背板の連なった大きな壁が負担する。

配置図　1:200

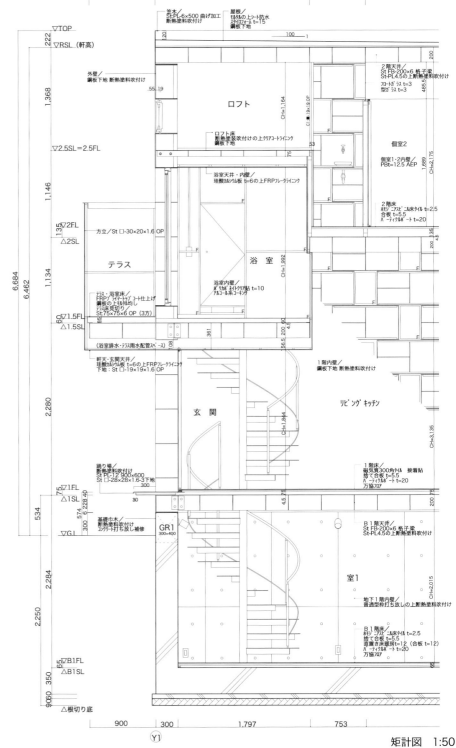

矩計図　1:50

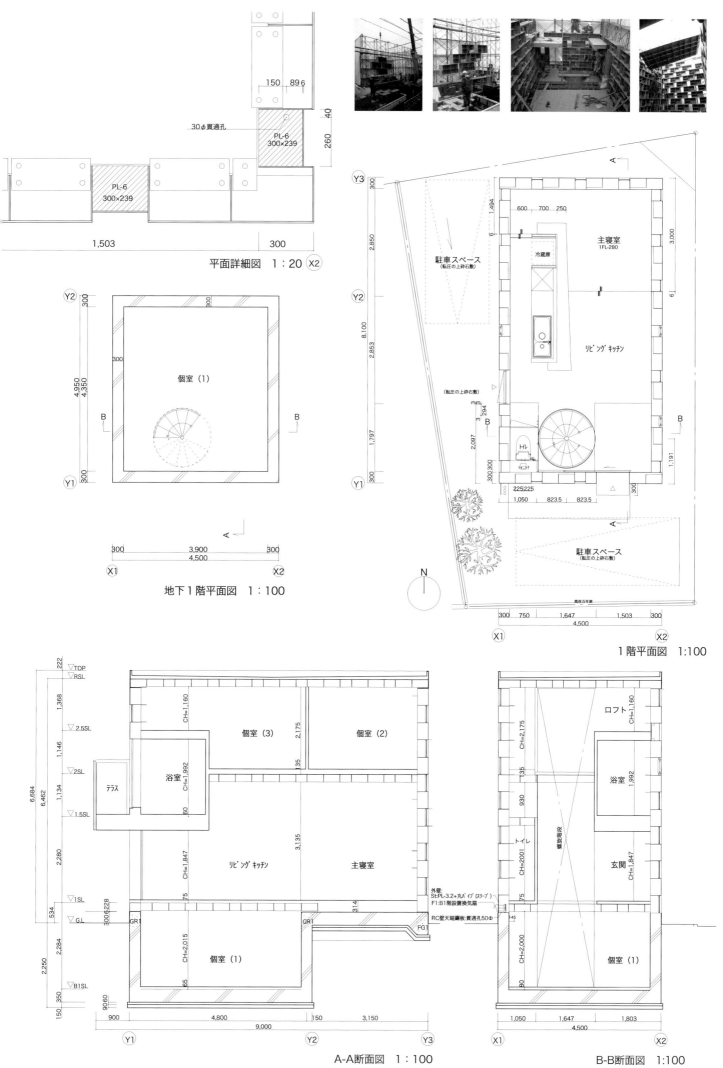

平面詳細図　1：20　Ⓧ2

30φ貫通孔

PL-6
300×239

150　89 6

260

40

PL-6
300×239

1,503

300

地下1階平面図　1：100

Y2

Y1

300

300

4,950
4,350

300

個室（1）

B ——— B

A

300　3,900　300

4,500

X1　　　X2

1階平面図　1:100

Y3　300

2,850

2.853

8,100

1,797

駐車スペース
（転圧の上砕石敷）

（転圧の上砕石敷）

3　294

2,097

300 300

B

B

600　700　250

1,494

6

冷蔵庫

主寝室
1FL-280

リビングキッチン

3,000

6

1,191

トイレ

ダイニング

225 225

1,050　823.5　823.5

300

A

駐車スペース
（転圧の上砕石敷）

300　750　1,647　1,503　300

4,500

X1　　　X2

N

A-A断面図　1：100

222 ▽TOP
▽RSL

1,368 ▽2.5SL

1,146 ▽2SL

6,684
6,462

1,134 ▽1.5SL

テラス

浴室 CH=1,992

個室（3）

2,175

135

個室（2）

2,280 ▽1SL

534 ▽G.L

リビングキッチン CH=1,847

3,135

主寝室

75

300 6228

GR1

GR1

2,284

個室（1） CH=2,015

65

314

FG1

外壁：
St:PL-3.2+丸パイプ（スリーブ）
F1:B1階設置換気扇

RC壁天端鋼板：貫通孔50Φ

150 350 ▽B1SL

90 60

900　4,800　150　3,150

9,000

Y1　　　Y2　　　Y3

B-B断面図　1：100

ロフト CH=1,160

2,175

浴室 1,992

トイレ CH=2,001

930

玄関 CH=1,847

135

個室（1） CH=2,000

75

B0

1,050　1,647　1,803

4,500

X1　　　X2

■パネル嵌合で覆う
（集成材パネル＋トラスアーチ）

東急池上線戸越銀座駅

□概要

沿線価値向上を目的に、老朽化した駅のリニューーアルをした計画である。軌道とホームの上部空間は、木材で形成された屋根と壁面の一体フォルムが柔らかく包み込んでいる。木材を現しで使用しており、木の肌合いや暖かさを利用者が身近に感じ、経年変化により愛着がわく駅舎のホーム空間を実現している。

□空間のかた

- 地域産木材である多摩産のスギ材を活用し、都市部における炭素貯蔵に貢献する。
- 既存上家を残しつつ、上部に新しい上家を組み上げる工法を実施。集成材パネルの嵌合により一体化されたシザーストラスアーチと鉄骨フレームによるハイブリッドシステムを使い、駅舎の利用と列車の運行をしながらの工事を実現した。
- 限られた施工ヤードでの搬入と建て方を可能にするため、集成材パネルは軽量かつシンプルな形状とした。

建替え前の木造ホーム

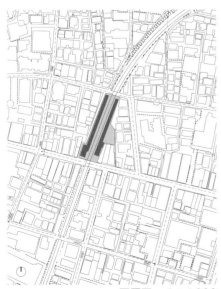

配置図　1：4,000

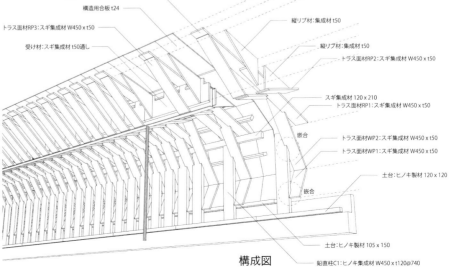

トラス面材RP4：スギ集成材 W450 x t50
構造用合板 t24
トラス面材RP3：スギ集成材 W450 x t50
受け材：スギ集成材 t50通し
縦リブ材：集成材 t50
縦リブ材：集成材 t50
トラス面材RP2：スギ集成材 W450 x t50
スギ集成材 120 x 210
トラス面材RP1：スギ集成材 W450 x t50
嵌合
トラス面材WP2：スギ集成材 W450 x t50
トラス面材WP1：スギ集成材 W450 x t50
土台：ヒノキ製材 120 x 120
嵌合
土台：ヒノキ製材 105 x 150
鉛直柱C1：ヒノキ集成材 W450 x t120@740

構成図

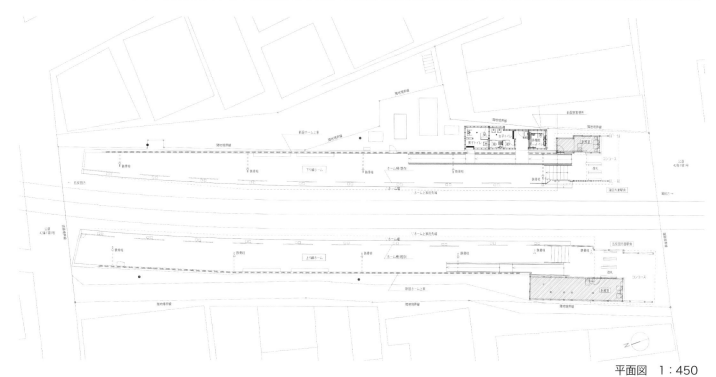

平面図　1：450

断面図　1：100

II 骨

柱・梁によってつくられる空間

ダイヤグラム II

骨組によってつくられる空間の種類と分類

ここでは、標準編の骨組によってつくられる空間の「かた」がその後どのような作品に展開していくのかを説明する。

□門型フレームの不規則化

門型ラーメンは、一般に柱と梁スパンが同じものを規則的に繰り返したラーメン構造である。しかし、柱も梁スパンも変化しながら連続する空間構成が可能である。'大田区休養村とうぶ' はこのような不連続な構成を具体化した例である。

□均一立体格子の超高層化

均一立体格子（純ラーメン）は、積層構造システムの代表的タイプである。このタイプは、柱と梁を特殊に組むことによってより高層化を図った。

「大きな骨組で空間を吊る（大架構ラーメン）」は、大型柱と大型梁を用いた構法である。代表的な '日本電気本社ビル' は大スパンに1層分の大型トラス梁を3箇所にわたり大型トラス柱に架け渡し何層か吊った架構である。

「組柱で空間を浮かす（スーパーラーメン）」は、1スパン分に相当する組立柱と1層分の階高に匹敵する組立梁を用いた構法である。'東京都新都庁舎' '日本テレビタワー' は代表的な建物である。

「斜材入り構面で空間を囲む（大型ブレース架構）」は、構造物全体を箱状にし、建物外周を柱と梁だけで構成するのではなく、大きな斜材（柱と同等）を組み込んで超高層化を可能とした架構である。最も先駆的作品は、シカゴの中心部にそびえる 'ジョン・ハンコックセンター' である。

□不均一立体格子の無柱化・大空間化

不均一立体格子内のコアの位置や大きな柱にトラス梁や床（屋根）版を工夫することで、無柱化・大空間化の架構をつくり出すことが可能である。

「コア柱で空間をつなぐ（コアシステム）」は、4本のコア柱に空間をつないでいく架構システムである。原型としては、ケヴィン・ローチ設計の 'ナイッォコロンバス' や '山梨文化会館' 等がある。

「骨組から空間を持ち出す」は、両側の大きなコアで空間を吊るあるいは架け渡すことで無柱化・大空間化を図る。さらにこのシステムは、四隅に邪魔な柱型が現れない架構システムへと展開する。この型は初期の '五反田ポーラビル' をはじめとするオフィスビルの最も適した基本構成である。

「巨大空間を載せる」架構は、建物の外周に柱・梁そして斜材を組み入れた巨大空間を支持したものである。'NSW山梨ITセンター' は巨大空間を4本の免震装置付き大型柱で支持。「格子版で空間を覆う（グリッドスラブシステム）」は、スラブを格子状にすることによって無柱の大空間や迫り出した屋根（床）をつくる構法で、グリッドスラブといい別名ワッフルスラブともいう。グリッドスラブには、直交グリッド・斜交グリッド・三方向グリッドの3種がある。三方向グリッドの 'イェール大学アート・ギャラリー' に対して '南岳山光明寺' は和風の直交グリッドといえる。

日本の民家
・北村家 [1]

増沢邸
(1952)

広瀬鎌二邸
(1953) [2]

柱・梁を柔かく組む
（滑節系・軸組構造）

サヴォア邸
(1931) [7]

ファンズワース邸
(1950) [8]

西山短期
(1988)

柱・梁を硬く組む
（剛節系・ラーメン構造）

レイクショアドライブ
アパートメント
(1951) [9]

「壁」で柱・梁を組む
（壁式ラーメン構造）

軽井沢の山荘（RC・ロ型）
(1962) [20]

ヨコハマアパートメント
(2009) [38]

「骨」と「壁」で個別に組む
（軸組を主とした混構造）
－軸組を重要視したもの－

骨

筑波・黒の家
(1993)

東大阪の家
(1997)

軸組構成に組む
（滑節構造）

不連続門型フレーム

大田区休養村とうぶ
(1998)

センチュリータワー
(1990)

日本電気本社ビル
(1990)

P&G日本本社／テクニカルセンター
(1993)

木箱２１０
(1996)

トヨタL&F広島本社
(2003)

不規則化

門型フレームに組む
（門型ラーメン構造）

大きな骨組で空間を吊る
（大架構ラーメン）

Ｋビル
(1999)

辰巳アパートメントハウス
(2016)

アクティオ神戸中央営業所
(1997)

晴海高層アパート
(1958)

大阪東京海上ビルディング
(1990)

東京都第一本庁舎
(1990)

フジテレビ本社ビル
(1996)

均一立体格子に組む
（剛節構造）

超高層化

組柱で空間を浮かす
（スーパーストラクチャー）

ジョン・ハンコックセンター
(1970)

新宿三井ビル
(1974)

斜材入り構面で空間を囲む
（大型ブレース架構）

蛇の目ビル
(1965)

大分県立大分図書館
(1966)

山梨文化会館
(1966)

ＪＥＴタワー
(1992)

無柱化・大空間化

不均一立体格子で構成
（コア・耐力壁付きラーメン構造）

コア柱で空間をつなぐ
（コアシステム）

ヴェネチア・ビエンナーレ日本館
(1956)

スカイハウス
(1958)

ポーラ五反田ビル
(1971)

キーエンス本社・研究所
（ダイヤゴナル）(1994)

エニックス（耐震壁）
(1996)

一型壁でつくる

骨組から空間を持ち出す
（ダブルコアシステム）

Ｎビル
(1972)

ＮＳＷ山梨ＩＴセンター
(1998)

清水建設技研新本館
(2003)

L型壁でつくる

巨大空間を載せる

落葉松山荘（ＲＣ・卍型）
(2001)

イェール大学アート・ギャラリー
(1953)

国立美術館
(1968)

南岳山光明寺
(2000)

水平格子を迫り出す
（グリッドスラブシステム）

デザインモチーフが「かたち」として表現される構成要素は主に以下の四つに分けられる。柱と梁でつくられる骨組建築の特徴がそれをよく表現している。中でも柱の存在は大きい。古来、柱は樹木や人物などに見立てられることでより象徴的意味をもち、デザインモチーフの一つの原点といえる。骨組の外皮については、特に屋上の屋根の形状が意味をもつ。別の空間を挿入することが面と大きく異なる要素である。この表現は、柱・梁による空間特性をよく示しているといえる。

■ 骨組（柱と梁）について

1 柱を立てる。

柱を立てることで人や神や木などの意味を表現する。

2 骨組をLの字、コの字、口の字に門に組む。

骨組を基本的な型に組むことで象徴的形態か象徴的空間をつくり出す。

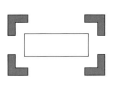

林・森
(名画の庭)

森の迷路
(ダンテウム)

諏訪大社の御柱
(神長官守矢資料館)

開かれた本
(パリ国立図書館)

凱旋門
(グラン・アルシュ)

ダイヤモンド
(イレヴン・ダイアゴナル
・ストリート)

■ 骨組の外皮について

1 屋上に意味をつくる。

骨組の上に、いろいろな屋根形状を付加することで意味をつくり出す。このことは骨組のもつ重層構成の特色の一つである。

2 壁に文様や、風景を刻む。

壁に文様や周辺の風景を刻むことで建築用途や設定テーマなどを表現する。このことは骨組のもつ自由なファサードの特色の一つである。

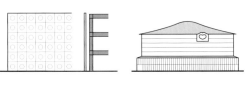

山並
(安曇野ちひろ美術館)

緑の山
(なんばパークス)

あんどん
(キリンプラザ大阪)

アラビア文様
(アラブ世界研究所)

日本の伝統的要素
(国立文楽劇場)

風景要素
(ドミナス・ワイナリー)

■ 骨組の構成について

1 均一骨組にあるモチーフを転写する。

平面上に別のモチーフの平面を転写する。これは骨組がもつ自由な平面をつくり出す特徴の一つである。

2 単位の増殖と減少化。

最小の単位空間（骨組）を増やしたり減らしたりすることで、あるモチーフや建築機能を適切に表現する。

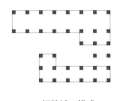

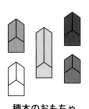

姫路城の構成
(兵庫県立歴史博物館)

ICチップ
(宮城県迫桜高等学校)

小さな都市
(セントラル・ベヒーア)

積木のおもちゃ
(ハーゲン島集合住宅)

家型の積層
(ヴィトラ・ハウス)

■ 骨組への挿入について

1 入れ子細工をつくる。

大きな骨組の中に小さな「場」を設定することで、均一な空間を特別なものとすることが可能である。

2 装置を組み込む。

大きな骨組の中に環境的装置を組み込むことで快適な建築空間とする。

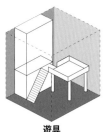

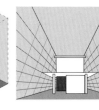

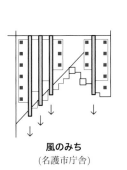

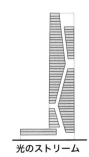

遊具
(シーランチ・コンドミニアム)

緑の山
(もうびぃでぃいっく)

祭祀
(出雲大社庁の舎)

風のみち
(名護市庁舎)

光のストリーム
(グオセン・セキュリティー・タワー)

作品・設計テーマ	デザインモチーフ	伝達と反映	空間とかたち
☐ **アラブ世界研究所** 「アラブ世界を表現」 設計：ジャン・ヌーベル ＆アーキテクチャー・スタジオ （フランス・パリ、1987）	☐ **アラビア文様** （有機的形態）  **アラビア文様を先端技術で表現。**	☐ **伝達方法** ・直截的表現 **・隠喩的表現** ・類推的表現 ☐ **反映する側面** ・形態的側面 **・表層的側面** ・機能的側面 ・構造的側面 ・環境的側面	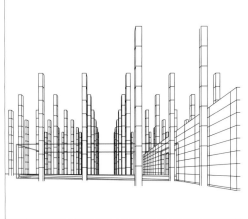

自由な表現が可能である骨組の表皮としては見事な造形である。
壁面(骨組の表皮)は、先端技術を利用して外光を調節しながら、形態としてもアラビア文様を表現している。建物内部に射し込む光は、天井・床・壁・柱に投影され、美しいアラビア文様をつくり出す。

類似例
・**国立文楽劇場**(黒川紀章建築都市設計事務所、大阪、1984)
ファサードは、かつて芝居小屋にあった櫓をはじめ、日本の伝統的造形・色彩を現代に復活。

☐ **名画の庭** 「自然を導入・表現」 設計：安藤忠雄建築研究所 （大阪、1990）	☐ **林・森** （有機的形態）  **コンクリート柱で木を表現。**	☐ **伝達方法** ・直截的表現 **・隠喩的表現** ・類推的表現 ☐ **反映する側面** **・形態的側面** ・表層的側面 **・機能的側面** ・構造的側面 ・環境的側面	

多柱による森林の表現は、古くからの演出手法といえる。
「名画の庭」には、生きた自然はない。しかしコンクリートの列柱が森林のような空間をつくり出している。人工の池は森の中の湖である。ここは自然の中で絵を楽しむ屋内アートギャラリーといえる。

類似例
・**ダンテウム(案)**(ジョゼッペ・テラーニ、イタリア、1930)
ダンテの「神曲」への賞賛。コンクリートの柱によって森が表現され、迷路という空間のシークエンスを構成。

☐ **アクロス福岡** 「都市に自然を導入」 設計：エミリオ・アンバース ＋日本設計 （福岡、1995）	☐ **緑の丘（山）** （有機的形態） **都市中心部に植栽を施し緑の丘を表現。**	☐ **伝達方法** **・直截的表現** ・隠喩的表現 ・類推的表現 ☐ **反映する側面** **・形態的側面** **・表層的側面** ・機能的側面 ・構造的側面 ・環境的側面	

設計者は自然に同化する建築を一貫してテーマとしている。建物は福岡の中心部、天神中央公園に接する複合施設で巨大アトリウムとステップガーデンをもつ。ステップガーデンは、植栽を施され、公園の緑と連続性をもつ。大都市の中心に緑の丘(山)をつくる意外性とこのような配慮が都市に安らぎを与える。

類似例
・**オークランド美術館**(ケヴィン・ローチ＋ジョン・ディンケルー、アメリカ・カルフォルニア、1968)
展示室や収蔵庫はすべて地下、地上は川の流れる庭園。
・**なんばパークス**(ジョン・ジャーディ、大阪、2007)
大阪南の中心地に突然緑の山、下は複合ショッピングエリア。

作品・設計テーマ	デザインモチーフ	伝達と反映	空間とかたち
□ **安曇野ちひろ美術館** 「環境との調和」 設計：内藤廣建築設計事務所 （長野、1996）	□ **山々、倉庫** （自然造形・人工的形態）  日本の風景にあう切妻屋根を表現。	□ **伝達方法** ・直截的表現 ・**隠喩的表現** ・類推的表現 □ **反映する側面** ・**形態的側面** ・表層的側面 ・機能的側面 ・構造的側面 ・環境的側面	

設計者は、倉庫や山並をイメージしたものではなく、どのような形態が「風景に対する座り」がよいのかをスタディした結果と記している。しかし、切妻屋根のシルエットは、のどかな田園風景によく調和し、背後のアルプスの山々とも重なる。その単純な形の繰返しはこの地に独特の美しさを醸し出す。

類似例
・**山居倉庫**（山形・酒田市）
　米の積出し港として賑わった酒田の米貯蔵庫は、周辺の景観とよく調和する。

□ **グラン・アルシュ** 「新都市の門」 （新凱旋門） 設計：ヨハン・オットー・フォン・スプレッケルセン &ポール・アンドリュー （フランス・パリ、1990）	□ **エトワール凱旋門［旧凱旋門］** （人工的形態） 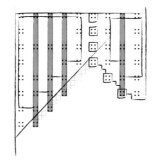 新凱旋門は旧凱旋門（高さ50m、幅45m）の約2倍	□ **伝達方法** ・**直截的表現** ・隠喩的表現 ・類推的表現 □ **反映する側面** ・**形態的側面** ・表層的側面 ・機能的側面 ・構造的側面 ・環境的側面	

建物は新都市（ラ・デファンス地区）開発の要として建設された。建物の中空を貫く軸線は、南東方向に延び「エトワール凱旋門」を貫通し、シャンゼリゼを通り'ルーブル美術館'へと至る。それはパリの最も重要な都市軸の延長上に位置する。その中空部分は、まるで旧凱旋門を切り抜いたようである。

□ **名護市庁舎** 「地域・環境系の建築」 設計：象設計集団+アトリエ・モビル （沖縄県、1981）	**光の制御と風のみち** （自然現象） 「風のみち」をコンクリート梁によって表現。	□ **伝達方法** ・**直截的表現** ・隠喩的表現 ・類推的表現 □ **反映する側面** ・形態的側面 ・表層的側面 ・**機能的側面** ・**構造的側面** ・**環境的側面**	

設計主旨は、地域の気候風土・生活環境・技術の導入。特に「エネルギーを大量に消費するエアコンを用いない」ことで、屋上の緑化（断熱）、日除けルーバーのテラス（遮光）、風の道の開口を採用。内外の仕上げは地元のブロックを主体とした。これらによって、市庁舎のファサードが決定付けられている。

作品・設計テーマ	デザインモチーフ	伝達と反映	空間とかたち
□ ムーア邸 「大宇宙の中の小宇宙」 設計：チャールズ・ムーア （アメリカ・コネチカット、1966）	□ 入れ子細工［書斎の聖ヒエロニスム］ （幾何学的形態）  大きなドームの中に床を掘った（風呂）小さなドーム	□ 伝達方法 ・直截的表現 ・隠喩的表現 **・類推的表現** □ 反映する側面 ・形態的側面 **・表層的側面** **・機能的側面** ・構造的側面 ・環境的側面	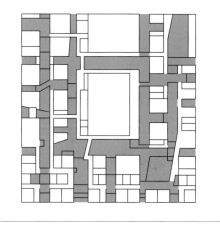

この家は、独身者住宅で約７ｍ角のワンルーム形式。その中にジャイアント・ファニチャーすなわち人間の入れる家具が置かれる。その装置は大宇宙の中の小宇宙のごとく内密性・中心性を高める。ムーアは最も歴史に精通する人で、この「入れ子」を主要な空間概念として自作の中に頻繁に登場させる。

類似例
・**もうびぃでぃっく**（宮脇檀建築研究室、山梨、1966）
大きな室内に、小さな木の櫓を組んで独立した居場所をしつらえている。

作品・設計テーマ	デザインモチーフ	伝達と反映	空間とかたち
□ 宮城県迫桜高等学校 「アクティビティ・ フレキシビリティ・ ノンヒエラルキー」 設計：シーラカンス アンド アソシエイツ （宮城、2001）	□ ＩＣチップ［アナログからデジタル］ （人工的形態）  平面の構成はICチップを表現。	□ 伝達方法 ・直截的表現 ・隠喩的表現 **・類推的表現** □ 反映する側面 ・形態的側面 ・表層的側面 **・機能的側面** **・構造的側面** ・環境的側面	

建築主旨は、生徒一人ひとりが選択した科目に沿って自由に移動できるプログラムをいかに実現するか。平面計画は、多くの空間とアクティビティを生き生きさせるように、120ｍ角の中に教室などのヴォリュームとパスを接続させることで、ＩＣチップの中を生徒が生き生きと通るように計画されている。

類似例
・**はこだて未来大学**（山本理顕設計工場、北海道、2000）
「プロジェクト型学習」を中心とするプログラムは、教科・学生・教官の「仕切り」を取り払った。

作品・設計テーマ	デザインモチーフ	伝達と反映	空間とかたち
□ パリ国立図書館 「パリのための広場と フランスのための図書館」 設計：ドミニク・ペロー （フランス・パリ、1994）	□ 四つの開かれた本 （人工的形態） （図版10） ４本のタワーは４冊の開かれた本を表現。	□ 伝達方法 ・直截的表現 **・隠喩的表現** ・類推的表現 □ 反映する側面 **・形態的側面** ・表層的側面 ・機能的側面 ・構造的側面 ・環境的側面	（図版11）

「四つの開かれた本」は絶対的な明快さ簡潔さを表現している。四隅に建つ４本のタワーがこの建物のアイデンティティと象徴的な位置を明確にしている。この建物の心臓部である中央庭園（４本のタワーに囲まれたコートヤード、サンクンガーデン）は町中の騒々しさや煩わしさから離れた静かな場所を提供。

類似例
・**ルイ・ヴィトン表参道**（青木淳建築計画事務所、東京、2002）
そのファサードはルイ・ヴィトン社が創業時から直方体のトランクをつくり続けていることから、建物のファサードはトランクをランダムに積んだイメージを表現。

■大きな骨組で空間を吊る
（吊構造）
P&G日本本社／
テクニカルセンター
概要・配置図・写真・フレーム構成図

□概要

自然の地形や歴史のない人工島に建設された研究所と本社機能を備えた自社ビルである。建築の成立根拠を自らの自立したシステムと秩序に求め「機能」「型式」「技術」の統合化を図っている。

□空間のかた

- 研究者間のコミュニケーションを増大させるためのアトリウムを囲むように、研究機能を5〜10階に配置。
- カフェテリアやトレーニングセンターなどのコモンスペースは15〜18階の中間階に配置。
- 本社機能は19階より上部に配置。
- 機能の分析とその配置から生じた低層部と構造部のプランニングのずれを、そのまま架構構面のずれに置き換え、それぞれの力の流れを外部に視覚化。
- メガストラクチャーが下部につくり出すエントランスロビーは無柱となり、外部空間の延長として計画している。
- 吊構造によるメガストラクチャーは6層分が1ユニットとされ、高層部には縦に3ユニット、低層部は並列して2ユニットが、サービスコアの間に架け渡されている。
- スパンは高層部で39.6m×23.2m、低層部で29.6m×14.5mとなる。

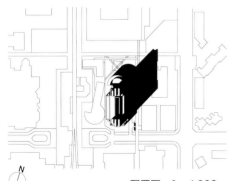

配置図　1：4,000

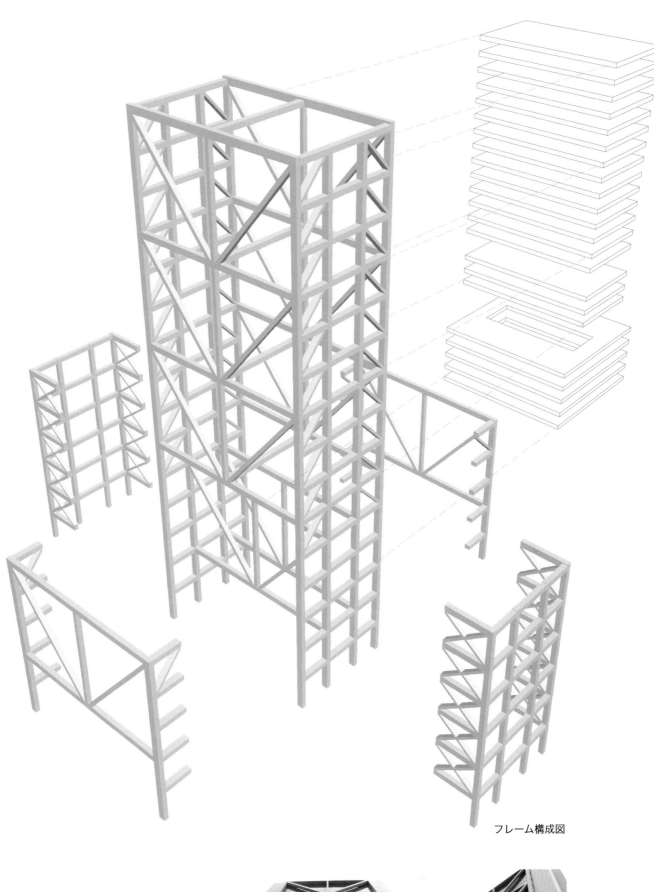

フレーム構成図

P&G日本本社/
テクニカルセンター

平面図・断面図

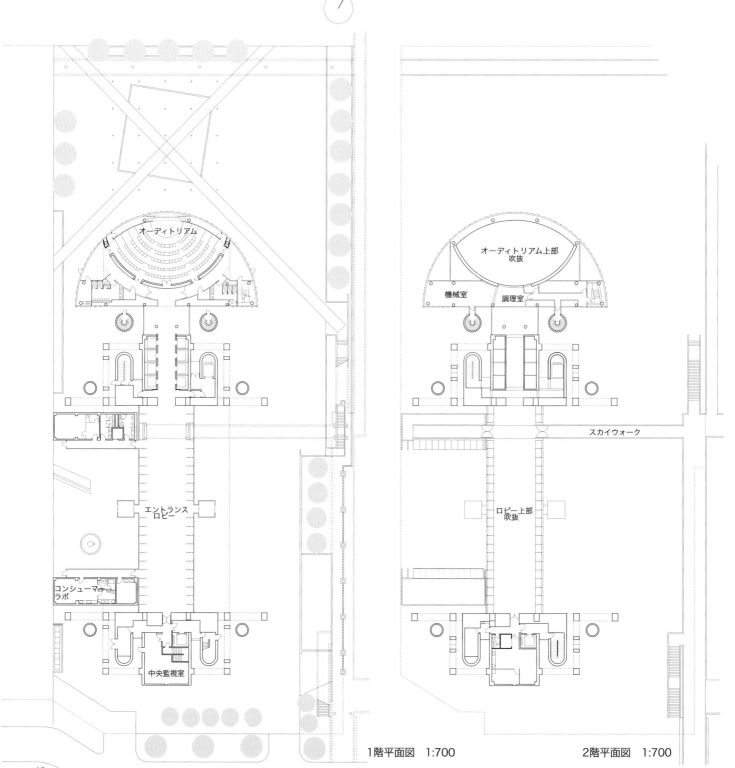

オーディトリアム

エントランス
ロビー

コンシューマー
ラボ

中央監視室

オーディトリアム上部
吹抜

機械室　　調理室

スカイウォーク

ロビー上部
吹抜

1階平面図　1:700

2階平面図　1:700

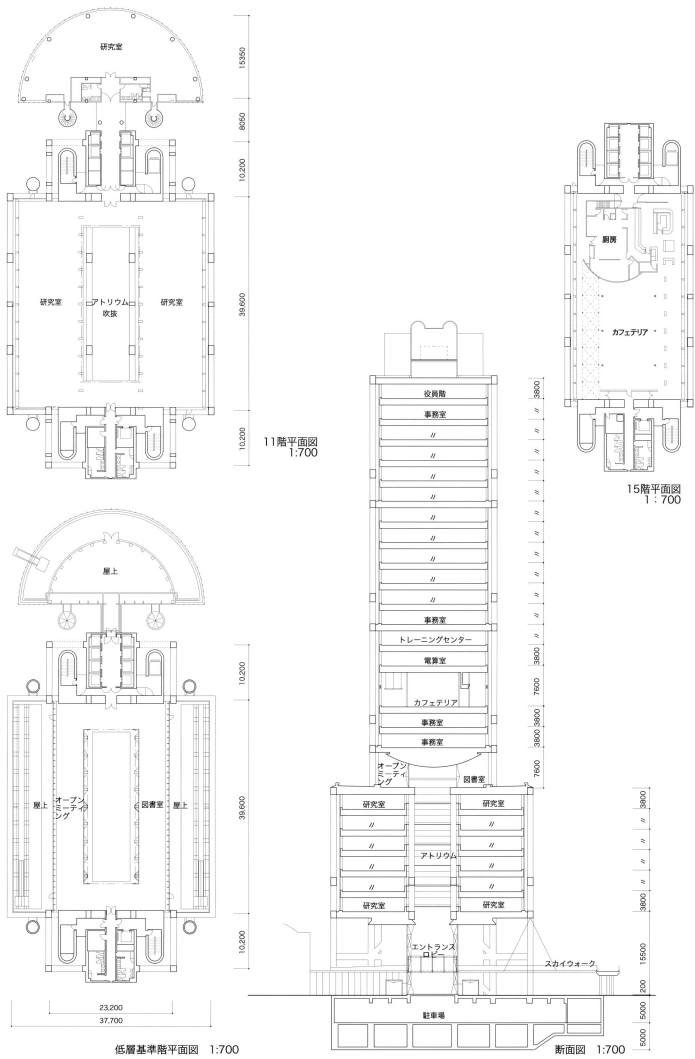

研究室

15350

8050

10200

研究室　アトリウム吹抜　研究室

39,600

10,200

11階平面図
1:700

厨房

カフェテリア

15階平面図
1：700

役員階
事務室
〃
〃
〃
〃
〃
〃
〃
事務室
トレーニングセンター
電算室
カフェテリア
事務室
事務室
オープンミーティング　図書室

研究室　研究室
〃　〃
アトリウム
〃　〃
研究室　研究室

エントランスロビー　スカイウォーク

駐車場

3800

〃

〃

〃

〃

3800

7600

3800
3800

7600

3800

〃

〃

3800

15500

200

5000

5000

屋上

オープンミーティング

屋上　図書室　屋上

10,200

39,600

10,200

23,200
37,700

低層基準階平面図　1:700

断面図　1:700

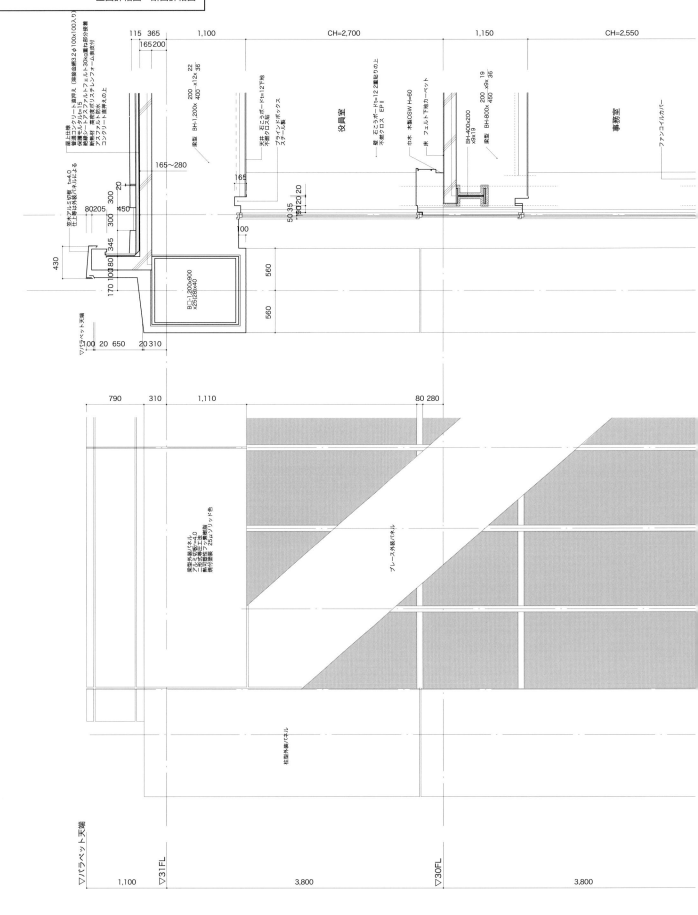

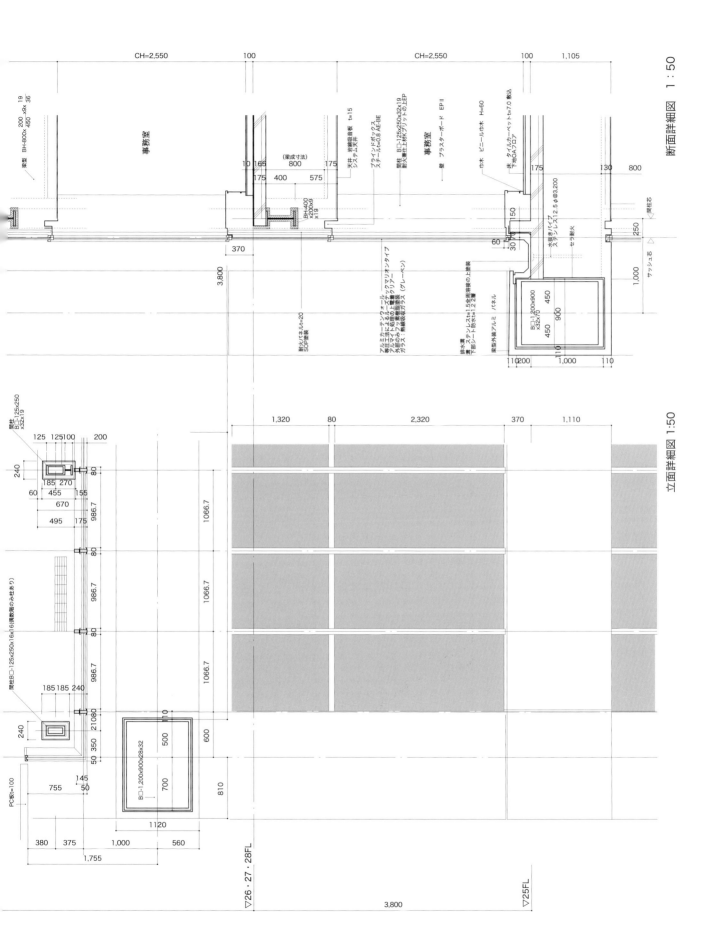

断面詳細図　1：50

立面詳細図 1：50

49

■骨組から空間を持ち出す（ダンパー）

エニックス本社ビル

□概要

ファミリーコンピュータソフトメーカーの自社ビルである。北に新宿副都心、南に代々木公園から横浜まで見渡せる眺望を取り込みながら、「エンターテイメント」を創造する企業の創造性と活力を高め、企業イメージを高めるべくさまざまな工夫がなされた計画である。

□空間のかた

- 南北の眺望を生かすためにガラスリブによるカーテンウォールを南北面に計画。北側のガラスは1.8m×6.5m、厚さ22mmの大型ガラスである。
- 創造性と活力を高め、コラボレーションを支援する空間として、2層単位の小さなアトリウムをオフィス北側のオープンエンドに設ける。
- エントランスと事務室の開放性を確保するために、南北に約4.5mの空間を張り出している。この張り出した部分に設置した高減衰ゴムダンパーが、強風時・地震時の制振、常時の微振動も吸収するため執務空間の居住性を高める。
- このダンパーは主要構造部でないために耐火被覆の必要がなく、意匠上のアクセントになっている。

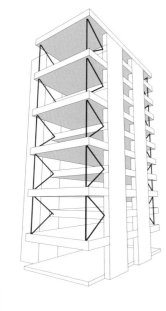

1階平面図　1：500

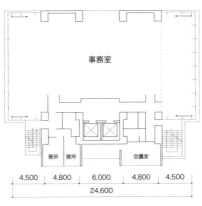

2・4・6階平面図　1：500

3・5・7階平面図　1：500

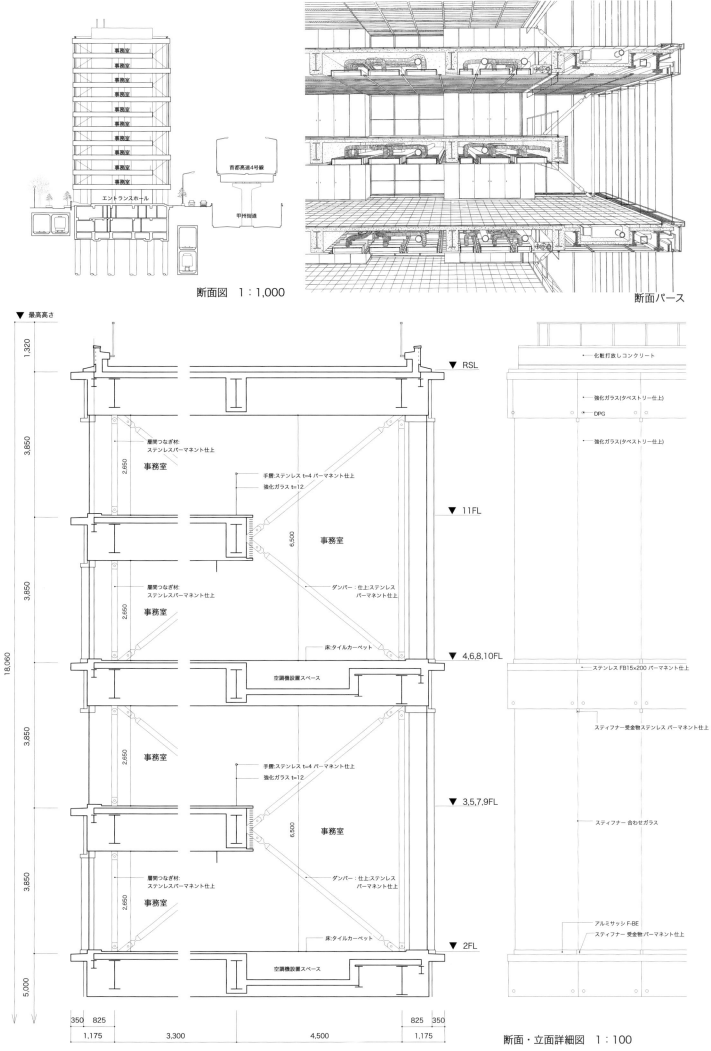

断面図　1:1,000

断面パース

事務室 ×10

首都高速4号線

エントランスホール

甲州街道

▼ 最高高さ

1,320

3,850

3,850

3,850

3,850

5,000

18,060

▼ RSL

事務室

層間つなぎ材:
ステンレスパーマネント仕上

手摺:ステンレス t=4 パーマネント仕上
強化ガラス t=12

▼ 11FL

6,500

事務室

層間つなぎ材:
ステンレスパーマネント仕上

ダンパー:仕上:ステンレス
パーマネント仕上

▼ 4,6,8,10FL

事務室

床:タイルカーペット

空調機設置スペース

事務室

手摺:ステンレス t=4 パーマネント仕上
強化ガラス t=12

▼ 3,5,7,9FL

6,500

事務室

層間つなぎ材:
ステンレスパーマネント仕上

ダンパー:仕上:ステンレス
パーマネント仕上

事務室

床:タイルカーペット

▼ 2FL

空調機設置スペース

2,650

350 825
1,175
3,300
4,500
825 350
1,175

化粧打放しコンクリート

強化ガラス(タペストリー仕上)

DPG

強化ガラス(タペストリー仕上)

ステンレス FB15×200 パーマネント仕上

スティフナー受金物ステンレス パーマネント仕上

スティフナー 合わせガラス

アルミサッシ F-BE
スティフナー 受金物:パーマネント仕上

断面・立面詳細図　1:100

51

■骨組から空間を持ち出す
（45度梁）

キーエンス本社・研究所ビル

□概要

先端産業メーカーの本社ビルである。クライアントからは設計に際し下記のことが求められた。

- 創造性を高めるオープンな執務環境
- 裏を感じさせない建物

創造的感性を育みオープンな環境をつくるため、ワイドな眺望をできるだけ室内に取り込んだ明るいオフィスを目指して計画されている。

□空間のかた

- 基準階は外コア方式とし、オフィス部分は一辺が25.6mの正方形ワンルームとする。
- 柱を外壁中央に集約することで、一辺が11mの大きなコーナーウインドウができる。
- 外装は複層ガラスのカーテンウォールである。カーテンウォールを支持する方立ては上下からのキャンティレバー方式とする。これにより窓部分の方立てがなくなり二方向に視界が広がる空間を高層建築で実現している。
- 架構形式はダイアゴナル・ペアフレーム型式とした。建物外壁中央に集約した柱（ペアコラム）を立て、これらを2本の大梁（ペアガーター）でつなぐことにより、外壁と45度傾いた架構を形成した。

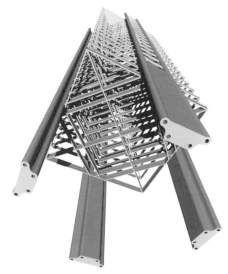

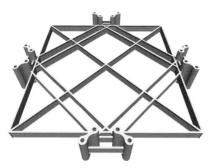

基準階架構（ダイアゴナル・ペアフレーム）

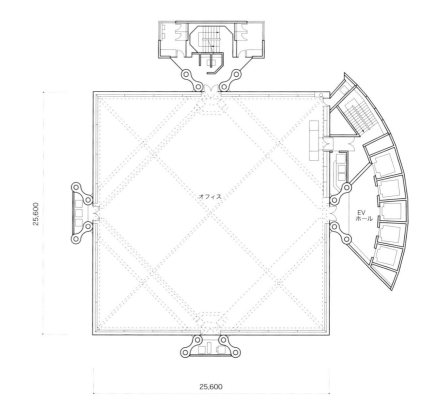

オフィス

EV
ホール

25,600

25,600

基準階平面図 1:400

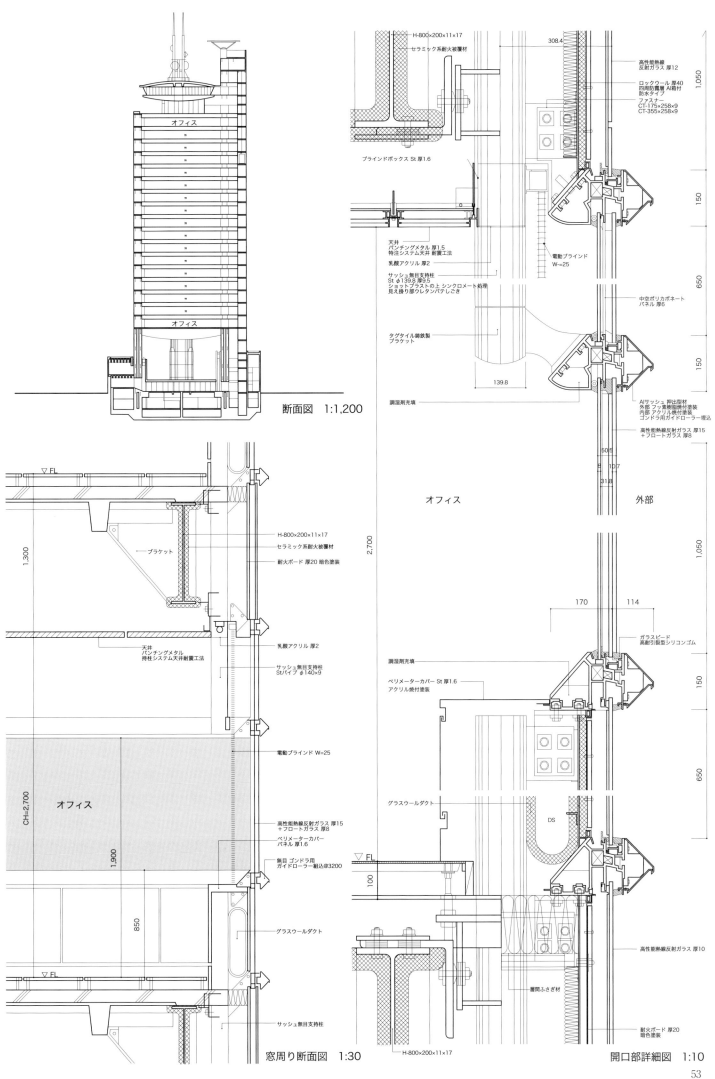

断面図　1:1,200

オフィス

オフィス

H-800×200×11×17
セラミック系耐火被覆材

ブラインドボックス St厚1.6

天井
パンチングメタル 厚1.5
特注システム天井 耐震工法

乳酸アクリル 厚2

サッシュ無目支持柱
St φ139.8 厚9.5
ショットブラストの上 シンクロメート処理
見え掛り部ウレタンパテしごき

タグタイル鋳鉄製
ブラケット

調湿剤充填

139.8

308.4

高性能熱線
反射ガラス 厚12

ロックウール 厚40
四周防露層 Al箱付
防水タイプ

ファスナー
CT-175×258×9
CT-355×258×9

電動ブラインド
W=25

中空ポリカボネート
パネル 厚6

Alサッシュ 押出型材
外部 フッ素樹脂焼付塗装
内部 アクリル焼付塗装
ゴンドラ用ガイドローラー埋込

高性能熱線反射ガラス 厚15
＋フロートガラス 厚8

1,050

150

650

150

1,050

オフィス

外部

50.5

107

318

▽ FL

1,300

ブラケット

天井
パンチングメタル
持柱システム天井耐震工法

サッシュ無目支持柱
Stパイプ φ140×9

CH=2,700

1,900

オフィス

850

▽ FL

H-800×200×11×17
セラミック系耐火被覆材
耐火ボード 厚20 暗色塗装

乳酸アクリル 厚2

電動ブラインド W=25

高性能熱線反射ガラス 厚15
＋フロートガラス 厚8

ペリメーターカバー
パネル 厚1.6

無目 ゴンドラ用
ガイドローラー組込@3200

グラスウールダクト

サッシュ無目支持柱

窓周り断面図　1:30

2,700

調湿剤充填

ペリメーターカバー St厚1.6
アクリル焼付塗装

グラスウールダクト

▽ FL

100

170

114

ガラスビード
高耐引裂型シリコンゴム

DS

高性能熱線反射ガラス 厚10

層間ふさぎ材

耐火ボード 厚20
暗色塗装

H-800×200×11×17

1,050

150

650

開口部詳細図　1:10

■水平格子を迫り出す
（井桁状）

南岳山光明寺

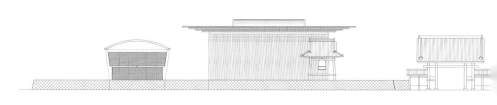

南立面図　1:500

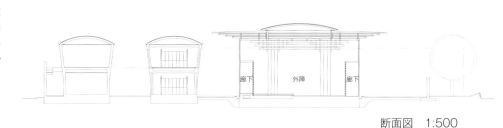

断面図　1:500

□概要

江戸時代から続く浄土真宗の寺院の建替え計画である。敷地は豊富な湧水で知られる場所であり、この「場所」への応答と「木組」に象徴される日本建築の現代的解釈を追求した建築である。南岳山光明寺は本堂、納骨堂、庫裏で構成されているが、ここでは本堂を取り上げる。

□空間のかた

- 本堂は湧水の上に浮いているように計画されている。本堂を物理的にもイメージとしても軽くさせるため、建築は集成材の格子状構造としている。
- 本堂内部の架構は、井桁状に積層された横架材の木組を4本で1組をなす16本の柱が支える。
- その周囲をスリガラス入りの木製建具が囲む。
- 濡れ縁代わりに回廊が計画され、縦格子の間に組み込まれた透明ガラスより光を呼び込んでいる。

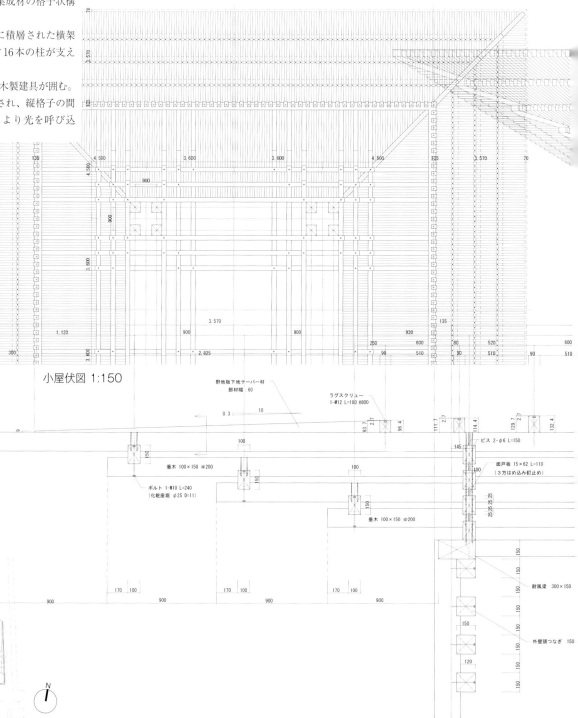

小屋伏図 1:150

配置図 1:2,000

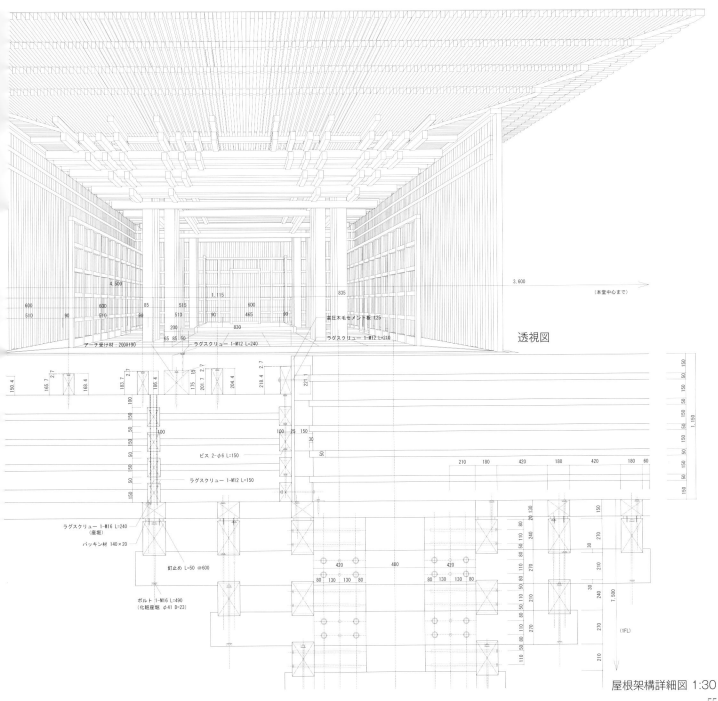

アーチ受け材：200X190

高圧木毛セメント板 t25

ラグスクリュー 1-M12 L=240

ラグスクリュー 1-M12 L=210

透視図

ビス 2-φ6 L=150

ラグスクリュー 1-M12 L=150

ラグスクリュー 1-M16 L=240
（座堀）

パッキン材 140×20

釘止め L=50 @600

ボルト 1-M16 L=490
（化粧座堀 φ41 D=23）

（本堂中心まで）

（1FL）

屋根架構詳細図 1:30

■ラーメン構造に住む（RCラーメン）

辰巳アパートメントハウス

□概要

幹線道路と地下鉄に隣接し、高速道路にも近接した都心の商業地における集合住宅の計画である。狭小地で容積を確保すると高い塔状建築になるが、周囲の騒音と振動を考慮し質量のある鉄筋コンクリート造で計画している。

□空間のかた

- ワンフロア約30㎡という小さな空間の中で、鉄筋コンクリート造の柱と梁は存在感のあるものになるが、柱や梁の間を断面的な窪み（ニッチ）としてとらえることで、身を寄せられる居場所を創出している。

- 一般に柱や梁の寸法は、下階ほど大きく上階で小さくなるが、本計画は地震時の引抜き力を抑えるため上層部の部材断面は下層階の3分の1になるように計画。この寸法の違いが地上の喧騒からの距離に呼応して、空間の囲い方を変えるものとしてとらえた。

- 下階においては、洞窟のような深い窪みとコンクリートの物量が生じ、周囲から守られた室内が生まれる。一方、上階は柱は細く梁による段差も小さく、明るく開放的な架構空間が、街の上空の開けた風景と向きあう。

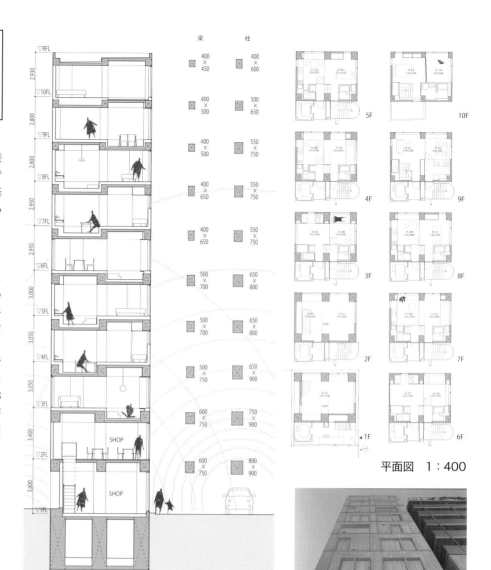

断面図　1：250

平面図　1：400

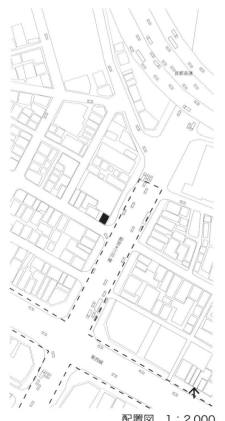

配置図　1：2,000

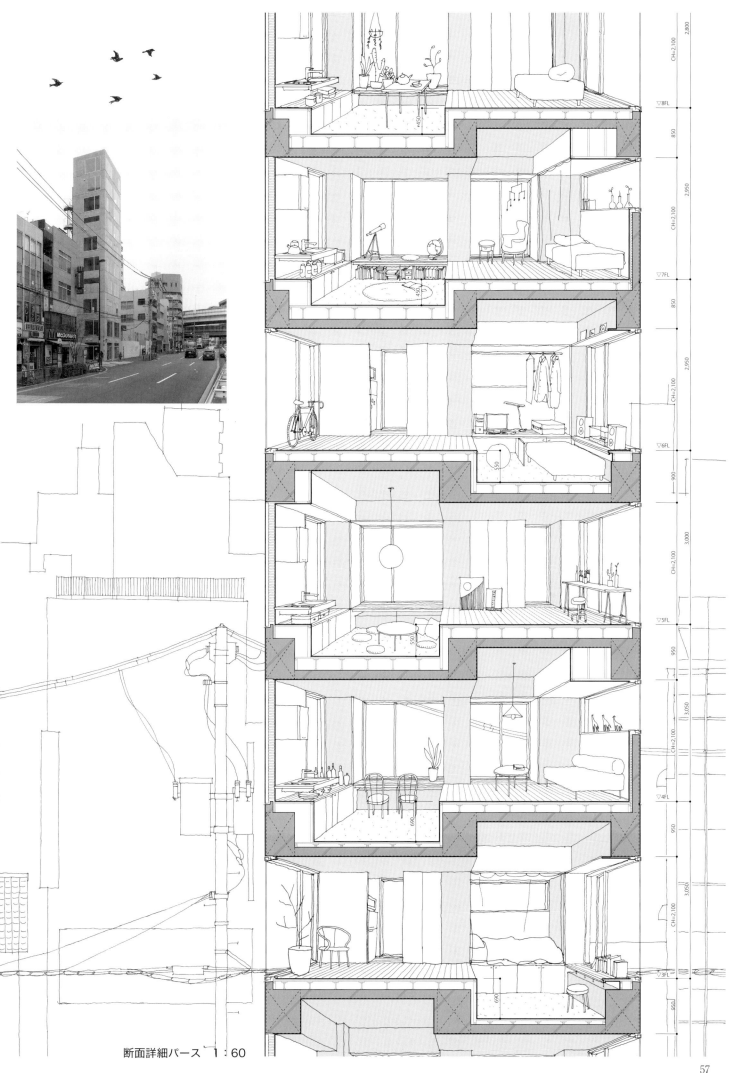

断面詳細パース 1：60

■ピロティでシェアする（壁柱）

ヨコハマアパートメント

□概要

若いアーティストのために、住まいながら展示と作業ができる場所をもった4戸の集合住宅である。当初はアーティストのための集合住宅であったが、現在では一般の若者も居住している。

□空間のかた

- 展示や作業ができる「広場」と居住できる「小屋」を計画。状況に応じて使い方を変化させつつ、さまざまな発見や居場所が生まれるように、1階には周辺環境と直結した天井高さ5mの半外部の共有広場を計画。2階の居住小屋へは共有広場から個々の専用階段を経て入る構成とした。
- 1階の共有広場は、近代建築の言語である「ピロティ」を単に空間の"形式"としてではなく、多様な生活を受け止め助長するための"状況"としてとらえた。共有広場には「階段」と「三角形」という周辺環境から拾い上げた要素を加えることで、ここにしかない小さな世界を実現している。
- 上階の住まいを持ち上げる壁柱は三角形で構成されている。木造でありながら豊かな「ピロティ」を生成する構造として効果的な計画である。

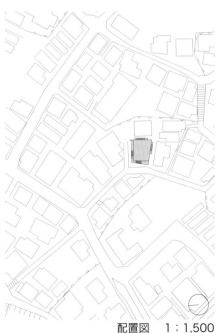

配置図　1：1,500

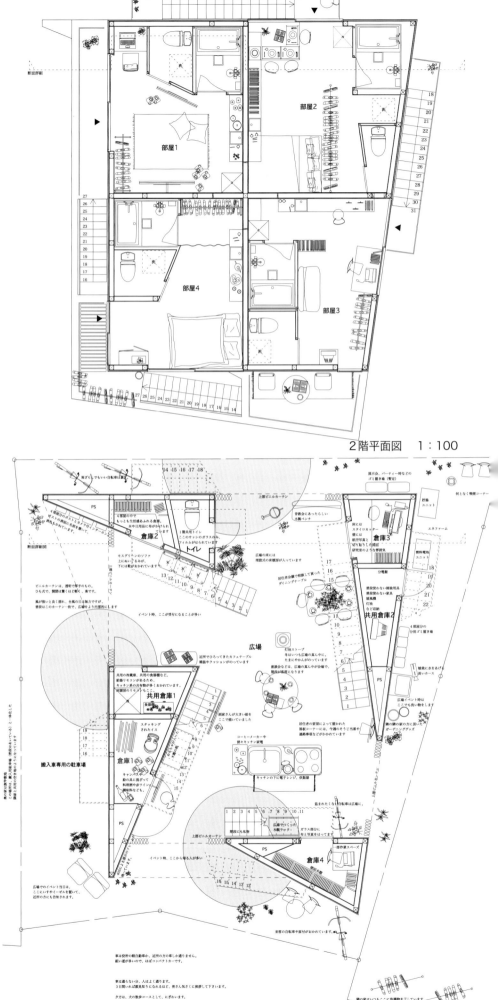

2階平面図　1：100

配置図兼1階平面図　1：100

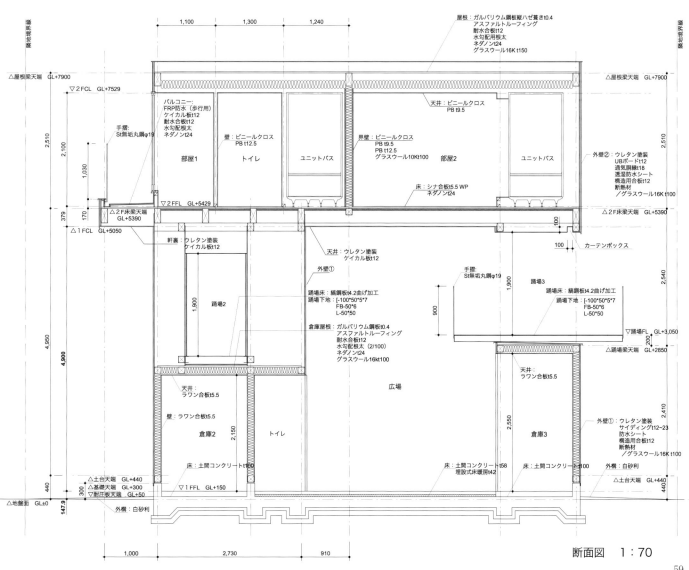

断面図　1：70

III 線

トラス・アーチによってつくられる空間

線材によってつくられる空間の種類と分類

ここでは、標準編の線材によってつくられる空間の「かた」がその後どのような作品展開をしていくのかを説明する。

□平行弦と門型トラスの展開

「骨組と斜材で包む」平行弦トラスは、柱・梁による架構のすべてに斜材を入れるのではなく、部分的に省略することで大きな開口を設けるなど「骨組と不完全トラス」による架構へと展開する。'飯田市小笠原資料館' が代表的である。

「門型と斜材で包む」門型トラスは、門型が巨大化され連続され、何層もの床を吊る巨大多層建築へと展開する。代表的なものに'ポンピドゥーセンター'がある。

□単層と複層の展開

「単層ラチスドームで包む」空間は球形ドームの一部を水平に切断した単純な形態であるが、'山梨フルーツミュージアムくだもの工房' はより変形化し、自由な形態をしたドームへと展開をみせる。

「複層平面形で包む」空間は主として屋根を覆う平板であったが、より曲面化や壁・屋根を立体トラスで覆う形態へと展開する。'小国町民体育館' は間伐材による立体トラスの見事な実例である。

□3種の吊構造における展開

6形式の吊構造の中では、ビーム式吊屋根・複合式吊屋根・一方向吊屋根が最もよく使用される構造形式といえる。

ビーム式吊屋根は、張弦梁の使用が代表的な構法であるが、最大の特徴は「組合せ技術」としてのハイブリット性にあるといわれている。'堀之内町立体育館' は豪雪地帯にもかかわらず珍しい木造である。

複合式吊屋根は、支柱とケーブルで屋根を吊っていたものが大断面の斜材により床を吊り、さらに高層化へと展開していく。国際コンペによって選ばれた'香港上海銀行' は、両端のタワーで床を吊った見事な建築の実例である。

ダブルテンションの'国立屋内総合競技場'、サスペンション・アーチ（アーチとケーブルの組合せ）の'ミネアポリス連邦準備銀行'は、ケーブル構造の傑作といえるが'東京国際フォーラムガラス棟'や'長野市オリンピック記念アリーナ'はさらに複雑な構法によって空間が展開されている。ガラスホールは船底状空間の中に二つの構造が仕込まれ、一方アリーナは木と鋼板によるハイブリッド構造である。

□アーチとケーブルアーチの展開

3ヒンジアーチは'新発田市厚生年金体育館'以来、剛性が低いことからあまり使われなくなったが、'赤城林間学園'によってダイナミックな空間として甦った。鉄骨円弧アーチの'夢の島体育館'や巨大な2列のアーチをもつ'秋葉台文化体育館'は、主として骨組膜構造の立体アーチへと展開する。'秋田スカイドーム'は鋼管アーチ、'出雲ドーム'は大断面集成材のアーチによる骨組に半透明の膜面で構成されている。

赤川鉄橋（大阪府）

平面トラス

蜜蜂の巣

合掌づくり(白川郷)

スペースフレーム
(1953)

三角形を組む
（トラス構造）

立体トラス

兼六園の雪吊り(石川県)

テント
(モロッコ)

ゴールデン・ゲートブリッジ
(1937)

吊る
（ケーブル構造）

ローマの水道橋(紀元前)

錦帯橋
(1673)

パリ万博機械館
(1899)

アーチで覆う
（アーチ・ヴォールト構造）

編んでつくる家
(西アフリカ・アーゼル)

線

伊豆三津シーパラダイス
(1977)

花と緑の万博　国際陳列館
(1990)

熊本北警察署
(1991)

飯田市小笠原資料館
(1999)

骨組と斜材で包む（平行弦トラス）　　　不規則化　　　骨組と不完全トラス

セインズ・ベリー美術センター
(1978)

早稲田大学所沢スポーツホール（門型）
(1990)

ポンピドゥーセンター
(1977)

門型と斜材で包む（門型トラス）　　　多層化　　　持ち出し門型で吊る

豊田市鞍ヶ池植物園
(1989)

山梨フルーツミュージアムくだもの工房
(1995)

ドームで包む（単層ラチス）　　　変形化　　　偏心ラチスドーム

大阪万博お祭り広場
(1970)

リトルワールド本館
(1983)

ワールド記念ホール（ドーム）
(1984)

東京都農業試験場
江戸川分場展示温室(HPシェル)(1992)

小国町民体育館
（円筒シェル）(1988)

常滑市体育館
(1993)

複層平面形で覆う　　　曲面化・内包化　　　複層トラスで包む

慶応義塾幼稚舎新体育館
(1987)

山梨学院シドニー記念水泳場
(2003)

堀之内町立体育館
(1996)

アルミ海の家Ⅱ
ラ・プラージュ
(2005)

細い線で包む（張弦梁の利用）（ビーム式吊り屋根）　　　細い線で組む（張弦柱・梁）

船橋市中央卸売市場
(1965)

星野遺跡地層たんけん館
(1983)

シアトルの事務所

ワキタハイテクス
(1990)

香港上海銀行
(1986)

支柱と斜材で屋根を吊る（複合式吊り屋根）　　　屋根からスペース　　　支柱と斜材で空間を吊る

国立屋内総合競技場（ケーブル）
(1964)

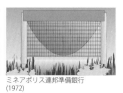
ミネアポリス連邦準備銀行
(1972)

東京国際フォーラム
ガラス棟（1992)

長野市オリンピック
記念アリーナ(1996)

ケーブルと皮膜で包む（一方向・二方向吊り屋根）　　　ハイブリット化　　　ケーブルのハイブリット化による空間

新発田市厚生年金体育館
（3ヒンジ）(1962)

浜松市体育館（2ヒンジ）
(1963)

トーマス・
ジェファーソン・
メモリアルアーチ
(1964)

横浜市少年自然の家
赤城林間学園 森の家（3ヒンジ）
(1977)

平面アーチで覆う　　　ピンアーチで覆う

東京都立夢の島総合体育館
(1976)

藤沢市秋葉台文化体育館
(1984)

秋田スカイドーム（アーチ）
(1990)

出雲ドーム（アーチ）
(1992)

新豊洲Brilliaランニングスタジアム
（アーチ）(2016)

ケーブル・アーチで覆う　　　膜構造化　　　立体アーチで覆う

1

線材によってつくられる「空間とかたち」の発想

デザインモチーフが「かたち」として表現される構成要素は主に以下の四つに分けられる。線材が「ある形をモチーフにする」場合は架構の仕組みによって明確に分けられる。そのことは、線材架構のもつ力学的特性とデザインモチーフとが関連しているということである。吊り屋根の形状は、デザインモチーフがケーブルの特性をよく表しており、主に建築の立地する場所の文脈を表現することが多い。線材の特徴は、内外にわたる露出の架構にあるが、その場合のデザインモチーフの多くは場所や用途などの文脈と関連しない。

■ 屋根トラスの形状について

1 トラスの外皮がある形をモチーフにする。

トラス構造を覆う不透明な屋根板があるモチーフを表現する。一般にトラス部材は太く、屋根板は局面をつくりやすい金属素材等が多い。

2 露出トラスがある形をモチーフにする。

トラスの形状そのものがあるモチーフを表現する。一般にトラス部材は限りなく細く、屋根板はガラス等の透明な素材である。

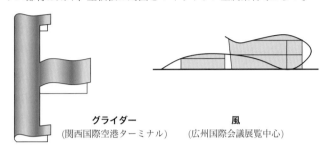

グライダー
(関西国際空港ターミナル)

風
(広州国際会議展覧中心)

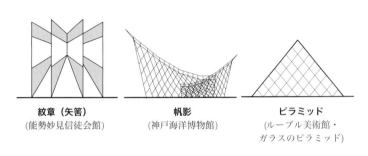

紋章（矢筈）
(能勢妙見信徒会館)

帆影
(神戸海洋博物館)

ピラミッド
(ルーブル美術館・ガラスのピラミッド)

■ 吊り屋根の形状について

1 スカイラインがある形を表現する。

屋根の形状があるモチーフを表現する。屋根を支える線材架構はその多くがそのモチーフと関係ない。

2 支柱やケーブルがあるモチーフを表現。

支柱やケーブルの力学的特性があるモチーフを表現する。その力学的特性はヨット・帆船などモチーフの特性とも一致する場合が多い。

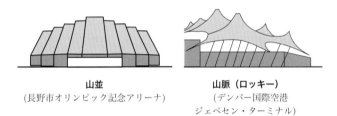

山並
(長野市オリンピック記念アリーナ)

山脈（ロッキー）
(デンバー国際空港ジェペセン・ターミナル)

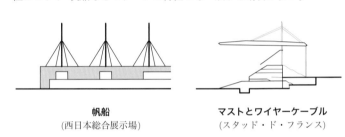

帆船
(西日本総合展示場)

マストとワイヤーケーブル
(スタッド・ド・フランス)

■ 屋根板の形状について

1 幾何学的構成を表現。

線材の特徴や架構とまったく関係なくあるモチーフを表現する。この場合、架構は単なる形のための構造といえる。

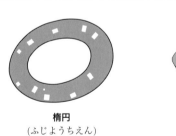

楕円
(ふじようちえん)

U字形
(科学技術博物館NEMO)

■ 架構の全露出について

1 ある形をモチーフにする。

ほぼ架構のすべてが線材の露出で、その特色を生かしてあるモチーフを表現する。ときとして異常な迫力をもつことが多い。

2 幾何学的構成を表現。

単純な円柱・四角柱・三角錐の構成であるが、すべてが露出することで周辺の環境に特別な印象を与える。

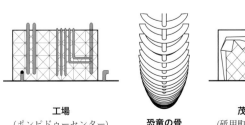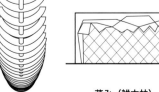

工場
(ポンピドゥーセンター)

恐竜の骨
(東京国際フォーラム)

茂み（雑木林）
(砥用町林業総合センター)

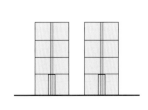

二つの矩形（双倉）
(アンドレ・シトロエン公園)

円柱
(風の塔)

三角錐
(追手門学院大学総持寺キャンパス)

作品・設計テーマ	デザインモチーフ	伝達と反映	空間とかたち
☐ ルーブル美術館・ガラスのピラミッド 「建築に象徴性」 設計：I.M.ペイ （フランス・パリ、1989）	☐ ギザのピラミッド（エジプト）  底辺35m角、高さ21m、傾斜角51.7度のガラスのピラミッドを表現。	☐ 伝達方法 ・**直截的表現** ・隠喩的表現 ・類推的表現 ☐ 反映する側面 ・**形態的側面** ・表層的側面 ・機能的側面 ・構造的側面 ・**環境的側面**	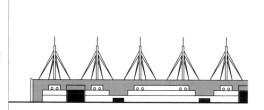

ルーブル改造計画は複雑化した動線を明確にし、鑑賞しやすくすることであった。設計者はナポレオン広場にガラスのピラミッドを置き、地下に軽快感のある螺旋階段に導かれたエントランスホールを設けた。巨大なガラスは周辺の重い石造建築に対し、入口としての象徴性を獲得しつつ地下に光を注いでいる。

類似例
• **平和の宮殿**（フォスター・アンド・パートナーズ、カザフスタン・アスタナ、2006）
宮殿には、世界・民族宗教会議のための専用会議場、オペラハウス、大学キャンパス、集会場、国立の宗教センターがあり、それらの施設は底辺62m角、高さ62mのピラミッドの中に納められている。

☐ **西日本総合展示場** 「周辺環境を読む ー埠頭の景観」 設計：磯崎新アトリエ （福岡、1977）	☐ **帆船** 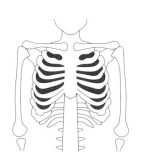 屋根を吊るワイヤーケーブルは帆船を表現。	☐ 伝達方法 ・直截的表現 ・**隠喩的表現** ・類推的表現 ☐ 反映する側面 ・**形態的側面** ・表層的側面 ・機能的側面 ・**構造的側面** ・環境的側面	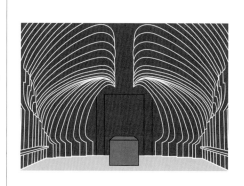

敷地は旧魚市場跡で埠頭に接している。周辺の文脈から、マストとワイヤーケーブルの列は埠頭を巡る環境の中で船や橋のメタファーとなりえるし、周辺の大工場・停泊する汽船のマスト・埠頭のクレーンと調和する。屋根を支える16本のマストとワイヤーケーブルは旧式の帆船をイメージさせる。

類似例
• **神戸海洋博物館**（神戸市港湾整備局、兵庫、1987）
海岸べりの施設は立体トラスによって帆船の帆影を表現。

☐ **ファルカスレット葬儀場** 「再生」 設計：イムレ・マコヴェッツ （ハンガリー、1975）	☐ **心臓** 木組のアーチが人間の肋骨を表現	☐ 伝達方法 ・直截的表現 ・隠喩的表現 ・**類推的表現** ☐ 反映する側面 ・形態的側面 ・**表層的側面** ・機能的側面 ・構造的側面 ・環境的側面	

墓地の片隅にひっそりと佇む。内部は木組のアーチが連続し、棺が中央に置かれる。木組の連続アーチは「人間の肋骨」、その肋骨に護られるかのように中央の台に「心臓」というイメージ。設計者は、有機的で人間の形を連想させる独特な表現方法を用い、まるで死後、人間の身体に再び戻るかのように。

作品・設計テーマ	デザインモチーフ	伝達と反映	空間とかたち
□ 関西国際空港ターミナル 「流れる形」 設計：レンゾ・ピアノ・ビルディング ・ワークショップ・ジャパン、日建設計 （大阪、1994）	□ 空間の鳥、グライダー 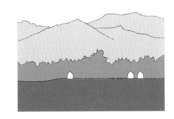 トラスを覆う金属板が流れる形を表現。	□ 伝達方法 ・直截的表現 ・**隠喩的表現** ・類推的表現 □ 反映する側面 ・**形態的側面** ・**表層的側面** ・機能的側面 ・構造的側面 ・環境的側面	

中央部のメイン・ターミナルビル内部は、立体トラス・オープンエアダクトによって流体力学的形態のダイナミズムと方向性が表現されている。その形状のモチーフは、彫刻家ブランクーシの「空間の鳥」あるいはグライダーの翼といった設計者が計画当初から抱いていた「流れ」を表現した形と重なっていく。

類似例
・**広州国際会議展覧中心**（佐藤総合計画＋華南理工大学建築設計研究院、中国・広州、2002）
風の建築は緩やかなウェーブを描き、母なる河「珠江」が導く風を視覚化し、広州の土地の自然や歴史と共鳴する。

□ 長野市オリンピック 記念アリーナ （エムウェーブ） 「ドーム建築の打破と 地域性を生かす建築」 設計：久米設計、鹿島、他JV （長野、1996）	□ 信州の山並  集成材による吊り屋根の形状は山並を表現。	□ 伝達方法 ・直截的表現 ・**隠喩的表現** ・類推的表現 □ 反映する側面 ・**形態的側面** ・表層的側面 ・機能的側面 ・**構造的側面** ・環境的側面	

世界的イベントで、長野を「世界に印象づけるユニークな建築」をとの発想。既存のドームイメージを払拭し、構造的合理性と日本文化および伝統美を形にしようとした。その結果、建物のデザインは、信州の山並を表現。構造は連子格子をイメージした信州カラマツ材の集成材による半剛性吊り屋根構造。

類似例
・**デンバー国際空港ジェペセン・ターミナル**（C.W.フェントレス／J.H.ブラッドバーン、アメリカ・コロラド、1994）
膜構造の屋根形態はデンバーが誇るロッキー山脈をイメージしたものといわれている。

□ 能勢妙見山信徒会館「星嶺」 「無機能の塔」 設計：高松伸＋高松伸建築設計事務所 （兵庫、1998）	□ 宗派の紋章（矢筈） 塔は矢筈や星を表現。	□ 伝達方法 ・**直截的表現** ・隠喩的表現 ・類推的表現 □ 反映する側面 ・**形態的側面** ・表層的側面 ・機能的側面 ・構造的側面 ・環境的側面	

「星嶺」は、その名が示すように流星をみるのによい山頂（霊山）。晴天の日は、眼下に大阪平野を、遠く淡路島を一望。建築は主に基壇と塔のみ、塔は宗派の紋章－矢筈の形－、その中空は、ガラスの床の礼拝堂を吊り、今にも矢が放たれるようにもみえる。矢筈の形は、上からみると星の形を連想させる。

類似例
・**大阪市咲くやこの花館**（大阪市都市整備局＋日建設計・大阪　1991）
ホールを中心に展示温室を花弁のように取り囲んで配置し、前池に映えるその姿は敷地の原風景である湿原に浮かぶ"ガラスの水蓮"となる。

作品・設計テーマ	デザインモチーフ	伝達と反映	空間とかたち
□ ポンピドゥーセンター 「露出」と「空」 と「ハイテック」 設計：リチャード・ロジャース ＋レンゾ・ピアノ ＋オブ・N・アラップ （フランス・パリ、1977）	□ 工場のプラント  伝統的街並に鋭く切り込む表現。	□ 伝達方法 ・直截的表現 ・隠喩的表現 ・類推的表現 □ 反映する側面 ・形態的側面 ・表層的側面 ・機能的側面 ・構造的側面 ・環境的側面	

大規模な工場プラントはある種の異様な迫力があり、ときにはその造形が美しくさえある。構造・設備・機械など文字通りすべてを露出させるこの構造物は、作品の可動を前提とした「空」を内包する第二世代美術館ともいわれた。建物は伝統的な街並、建物に鋭く切り込み現代の何かを表現しようとしている。

類似例
・ロイズ・オブ・ロンドン（リチャード・ロジャース・パートナーシップ、イギリス・ロンドン、1986）
これは「露出」と同時に「サーバント・スペースとサーブト・スペース」の表現ともいえる。

□ 東京国際フォーラム 　ガラスホール棟 「ガラス壁面の透明性」 設計：ラファエロ・ヴィニオリ建築士事務所 （東京、1996）	□ ノアの箱舟・恐竜の骨  構造の力骨は恐竜の骨をイメージ。	□ 伝達方法 ・直截的表現 ・隠喩的表現 ・類推的表現 □ 反映する側面 ・形態的側面 ・表層的側面 ・機能的側面 ・構造的側面 ・環境的側面	

この施設は巨大ロビー空間がシンボルである。船形の平面形をもつ大アトリウム空間の最大の特徴は屋根構造にある。設計者は当初から船のイメージや恐竜の骨をイメージしたことがないという。が、2本の柱で支持された船底状の形態は構造の仕組とそれらのイメージがあまりにも酷似する。

□ ふじようちえん 「屋根で遊ぶ」 設計：手塚貴晴＋手塚由比 （東京、2007）	□ 楕円・トラック （幾何学的形態） 屋上のゆがんだ楕円は園児の遊び場。	□ 伝達方法 ・直截的表現 ・隠喩的表現 ・類推的表現 □ 反映する側面 ・形態的側面 ・表層的側面 ・機能的側面 ・構造的側面 ・環境的側面	

設計者による「屋根の家」が発端という。ゆがんだ楕円のもつ特性がこの幼稚園を決定付けている。屋上はトラックのような行き止まりのない運動場。楕円状に囲まれた庭や園舎はどこからでも見渡せる開放性をもつ。屋根床は、ジグザグ状に配置された極細の鉄骨柱に支えられたHPシェルの連続した三次曲面。

■骨組と不完全トラス（ラーメントラス）

飯田市小笠原資料館
概要・配置図・パース・写真

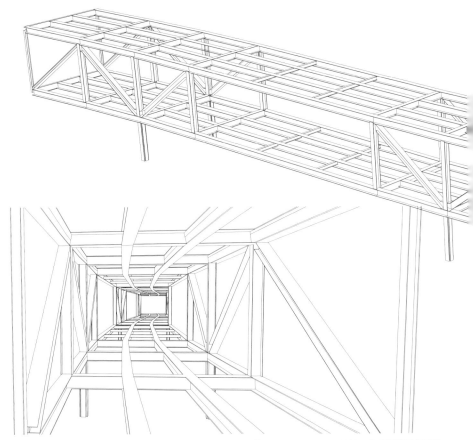

□概要
地方都市の山間部に建つ資料館である。敷地はかつてこの地の領主居城があった城郭遺跡であり、南斜面には重要文化財の書院がある。この書院からの後退距離をとらなければならない与件と遺跡をできるだけ壊さない方針で計画は進められた。

□空間のかた
- 書院からの後退距離を確保し、建築は山際に細長く計画。
- 建物を約1層分地面から離し、山で囲まれた敷地の連続性を確保。それとともに多湿な山際の地面から切り離すことで良好な展示・収蔵環境をつくる。
- ピロティは資料館へのエントランスとなり日陰のできる半戸外の休憩スペースとなる。

□構造計画
通常は大スパン方式として両側面に1層分の成をもつトラス梁2列を架け渡し、短辺方向に普通の梁を架けるのが定石であるが、本案では中間部に大きな開口をもち、軽快なデザインに呼応すべく新たな大スパンの方式を採用した。

1）上部構造
①上部の構造型式は大きく二つに分かれる。
- 支点付近は1層分のトラスを形成
- 大開口部は上下の梁だけで形成

②この二つの構造形式を組み合わせた不完全トラス梁を2列架ける。

③支点付近のトラス部分の柱（縦材）を短辺方向に強軸とするラーメンを構成。

④その大梁に直交して小梁を架ける。

2）下部構造
1階ピロティの柱は、XY軸両方に強い十字柱のラーメン構造。

配置図　1:2,000

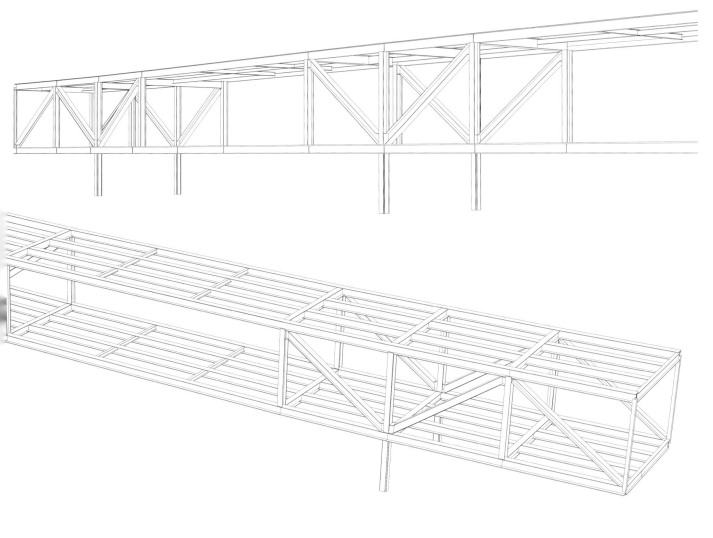

建方時内観

建方時外観

飯田市小笠原資料館

立面図・平面図

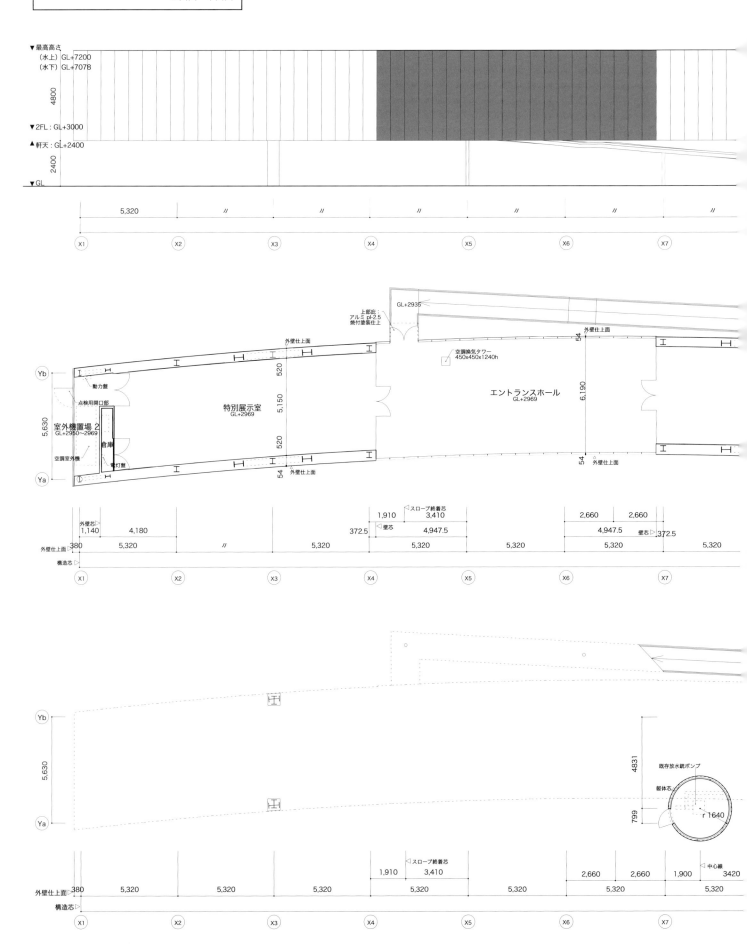

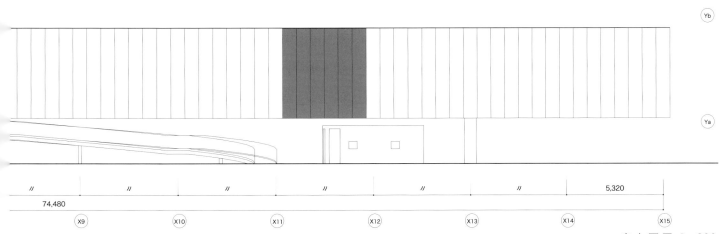

南立面図 1：200

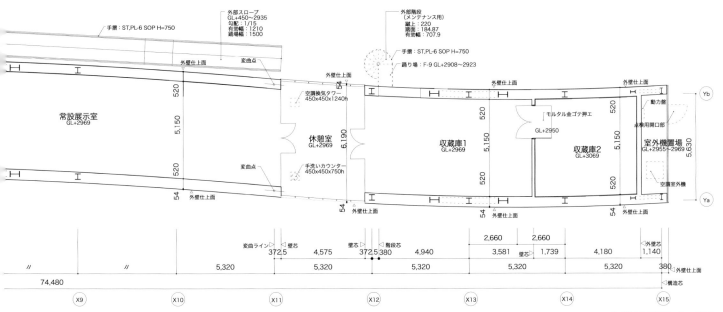

2階平面図 1：200

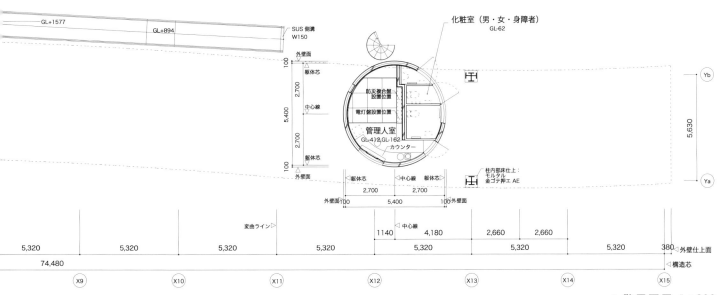

1階平面図 1：200

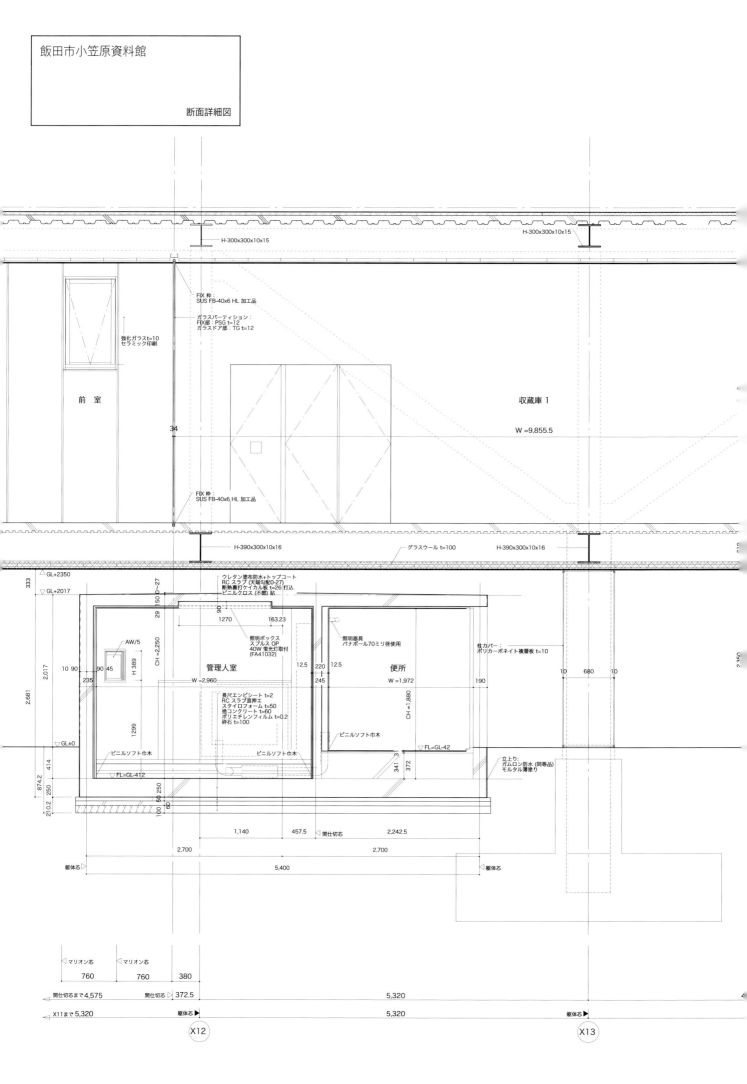

飯田市小笠原資料館

断面詳細図

H-300x300x10x15

H-300x300x10x15

FIX 枠：
SUS FB-40x6 HL 加工品

ガラスパーティション：
FIX部：PSG t=12
ガラスドア部：TG t=12

強化ガラスt=10
セラミック印刷

前　室

収蔵庫 1

W =9,855.5

34

FIX 枠：
SUS FB-40x6 HL 加工品

H-390x300x10x16

グラスウール t=100

H-390x300x10x16

▽ GL+2350

▽ GL+2017

ウレタン塗布防水+トップコート
RC スラブ (天端勾配0-27)
断熱裏打ケイカル板 t=26 打込
ビニルクロス (不燃) 貼

照明ボックス
スプルス OP
40W 蛍光灯取付
(FA41032)

照明器具
パナポール70ミリ径使用

柱カバー：
ポリカーボネイト複層板 t=10

AW/5

管理人室

便所

W =2,960

W =1,972

長尺エンビシート t=2
RC スラブ直押エ
スタイロフォーム t=50
捨コンクリート t=60
ポリエチレンフィルム t=0.2
砕石 t=100

ビニルソフト巾木

ビニルソフト巾木

ビニルソフト巾木

▽ GL±0

▽ FL=GL-42

▽ FL=GL-412

立上り
ガムロン防水 (同等品)
モルタル薄塗り

1,140

457.5

間仕切芯

2,242.5

2,700

2,700

5,400

躯体芯

躯体芯

マリオン芯

マリオン芯

760

760

380

間仕切芯まで4,575

間仕切芯

372.5

5,320

X11まで5,320

躯体芯

5,320

躯体芯

X12

X13

72

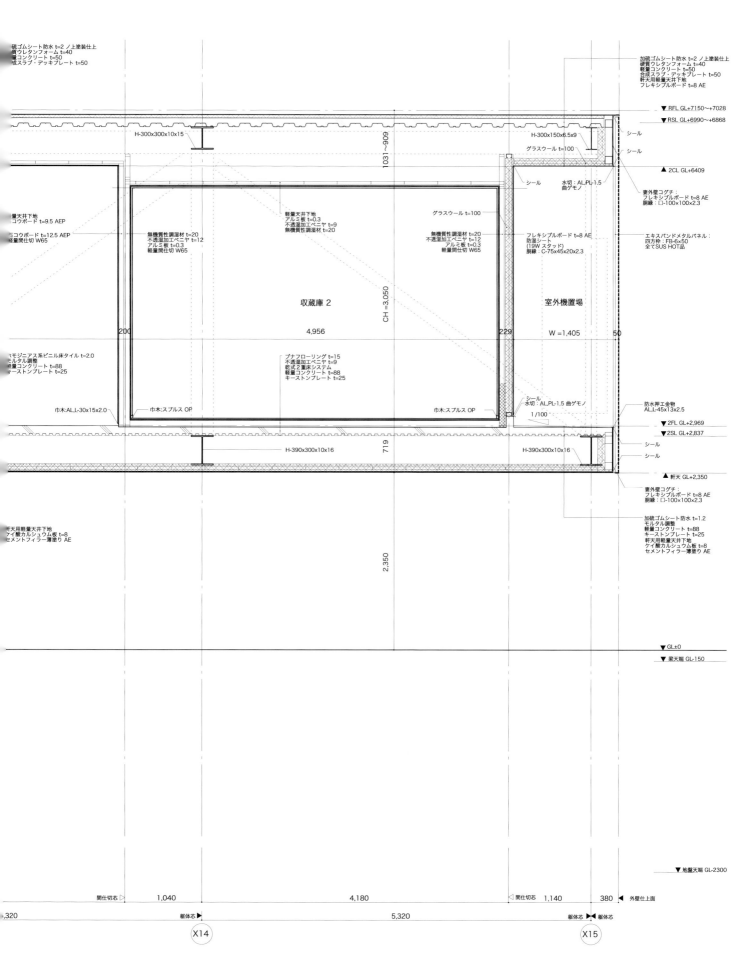

加硫ゴムシート防水 t=2 ノ上塗装仕上
硬質ウレタンフォーム t=40
軽量コンクリート t=50
合成スラブ・デッキプレート t=50

加硫ゴムシート防水 t=2 ノ上塗装仕上
硬質ウレタンフォーム t=40
軽量コンクリート t=50
合成スラブ・デッキプレート t=50
軒天用軽量天井下地
フレキシブルボード t=8 AE

▼ RFL GL+7150〜+7028
▼ RSL GL+6990〜+6868

H-300x300x10x15

H-300x150x6.5x9

グラスウール t=100

シール

シール

▲ 2CL GL+6409

軽量天井下地
コウボード t=9.5 AEP

シール

水切：AL.PL-1.5
曲ゲモノ

妻外壁コグチ：
フレキシブルボード t=8 AE
胴縁：□-100x100x2.3

コウボード t=12.5 AEP
軽量間仕切 W65

軽量天井下地
アルミ板 t=0.3
無機質性調湿材 t=20

グラスウール t=100

無機質性調湿材 t=20
不透湿加工ベニヤ t=9
アルミ板 t=0.3
軽量間仕切 W65

無機質性調湿材 t=20
不透湿加工ベニヤ t=12
アルミ板 t=0.3
軽量間仕切 W65

フレキシブルボード t=8 AE
防湿シート
(19W スタッド)
胴縁：C-75x45x20x2.3

エキスパンドメタルパネル：
四方枠：FB-6x50
全てSUS HOT品

収蔵庫 2

4,956

室外機置場

W =1,405

CH =3,050

ブナフローリング t=15
不透湿加工ベニヤ t=9
乾式2重床システム
軽量コンクリート t=88
キーストンプレート t=25

シール
水切：AL.PL-1.5 曲ゲモノ
1/100

防水押エ金物
AL.L-45x13x2.5

マモジニアス系ビニル床タイル t=2.0
モルタル調整
軽量コンクリート t=88
キーストンプレート t=25

巾木：AL.L-30x15x2.0

巾木：スプルス OP

巾木：スプルス OP

▼ 2FL GL+2,969
▼ 2SL GL+2,837

シール

シール

H-390x300x10x16

H-390x300x10x16

▲ 軒天 GL+2,350

妻外壁コグチ：
フレキシブルボード t=8 AE
胴縁：□-100x100x2.3

軒天用軽量天井下地
ケイ酸カルシュウム板 t=8
セメントフィラー薄塗り AE

加硫ゴムシート防水 t=1.2
モルタル調整
軽量コンクリート t=88
キーストンプレート t=25
軒天用軽量天井下地
ケイ酸カルシュウム板 t=8
セメントフィラー薄塗り AE

▼ GL±0
▼ 梁天端 GL-150

▼ 地盤天端 GL-2300

間仕切芯 1,040

4,180

間仕切芯 1,140

380 外壁仕上面

,320

躯体芯 5,320 躯体芯 躯体芯

X14

X15

断面詳細図　1：50

73

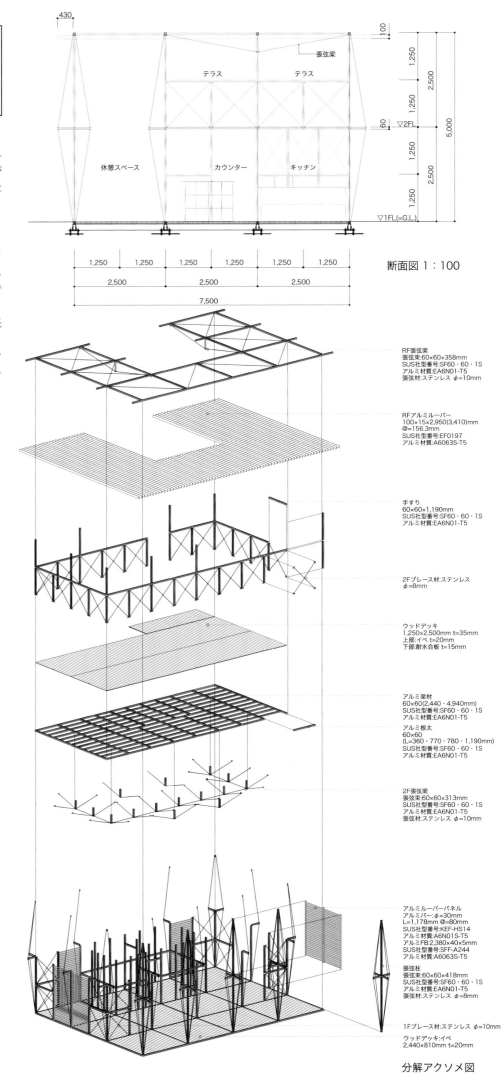

■細い線で組む
（張弦柱・梁）

アルミ海の家Ⅱ　ラ・プラージュ

□概要

海浜に建つ海の家である。夏の間だけ使用されることを前提に、部材デザインと組立て方法が設計されている。建築材料は、塩害に強く軽量化を図れるアルミ材が採用されている。

□空間のかた

• 工場設備機器用フレーム素材のアルミスタンダードフレームを新たに開発したクロスジョイントで結合し、ステンレスブレースで締結することで基本ユニットを構成。
• 柱・梁はすべて60mm角とし、モジュール長さは1,190mmとする。
• 柱・梁には張弦材を張り強度を確保。このアイディアは海に浮かぶヨットのマスト、ステー、スプレッダーを彷彿させる。

張弦梁

テラス　テラス

休憩スペース　カウンター　キッチン

430

100

1,250
2,500
1,250

2FL

60

1,250
5,000

2,500

1,250

1FL(=G.L.)

1,250 1,250 1,250 1,250 1,250 1,250
2,500 2,500 2,500
7,500

断面図 1：100

RF張弦梁
張弦束:60×60×358mm
SUS社型番号:SF60・60・1S
アルミ材質:EA6N01-T5
張弦材:ステンレス φ=10mm

RFアルミルーバー
100×15×2,950(3,410)mm
@=156.3mm
SUS社型番号:EF0197
アルミ材質:A6063S-T5

手すり
60×60×1,190mm
SUS社型番号:SF60・60・1S
アルミ材質:EA6N01-T5

2Fブレース材:ステンレス
φ=8mm

ウッドデッキ
1,250×2,500mm t=35mm
上部:イペ t=20mm
下部:耐水合板 t=15mm

アルミ梁材
60×60(2,440・4,940mm)
SUS社型番号:SF60・60・1S
アルミ材質:EA6N01-T5

アルミ根太
60×60
(L=360・770・780・1,190mm)
SUS社型番号:SF60・60・1S
アルミ材質:EA6N01-T5

2F張弦梁
張弦束:60×60×313mm
SUS社型番号:SF60・60・1S
アルミ材質:EA6N01-T5
張弦材:ステンレス φ=10mm

アルミルーバーパネル
アルミバー:φ=30mm
L=1,178mm @=80mm
SUS社型番号:KEF-HS14
アルミ材質:A6N01S-T5
アルミFB:2,380×40×5mm
SUS社型番号:SFF-A244
アルミ材質:A6063S-T5

張弦柱
張弦束:60×60×418mm
SUS社型番号:SF60・60・1S
アルミ材質:EA6N01-T5
張弦材:ステンレス φ=8mm

1Fブレース材:ステンレス φ=10mm

ウッドデッキ:イペ
2,440×810mm t=20mm

分解アクソメ図

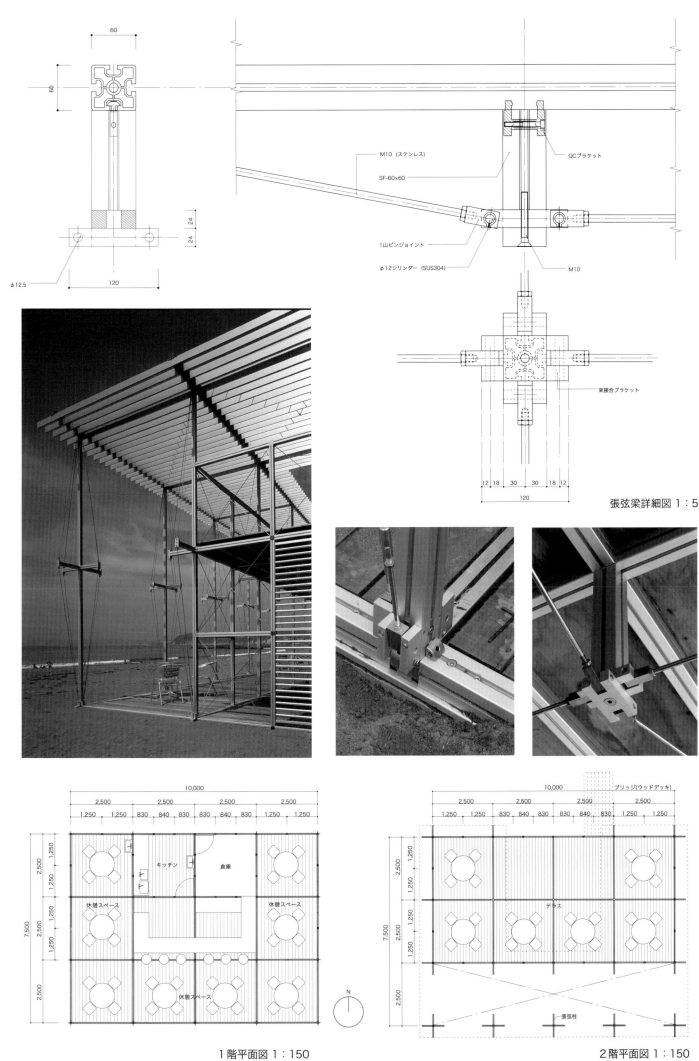

M10 (ステンレス)

SF-60×60

1山ピンジョイント

φ12シリンダー (SUS304)

QCブラケット

M10

束接合ブラケット

| 12 | 18 | 30 | 30 | 18 | 12 |

120

張弦梁詳細図 1：5

φ12.5

60

60

24

24

120

1階平面図 1：150

10,000

2,500 2,500 2,500 2,500

1,250 1,250 830 840 830 830 840 830 1,250 1,250

7,500

2,500 2,500 2,500

1,250 1,250 1,250 1,250

キッチン

倉庫

休憩スペース

休憩スペース

休憩スペース

N

2階平面図 1：150

ブリッジ(ウッドデッキ)

10,000

2,500 2,500 2,500 2,500

1,250 1,250 830 840 830 830 840 830 1,250 1,250

7,500

2,500 2,500 2,500

1,250 1,250 1,250 1,250

テラス

張弦柱

■支柱と斜材で空間を吊る
（張弦柱・梁）

ワキタハイテクス

□概要

特殊な装置やインテリアプロダクツを制作する会社のショールーム兼社屋である。成長性の高い企業イメージを建築で表現しつつ、自由な平面とピロティが具現化されている。

□空間のかた

- プレキャストコンクリートのパネルを床および屋根材とする。
- 4本の柱から引張材を出し、床と屋根を吊る。
- さらに床と屋根の底面と柱の根本を引張材で引っ張る。
- 床と屋根を上と下から引っ張ることで、床と屋根の均衡状態をつくり、かつ地震（水平力）に対応する。

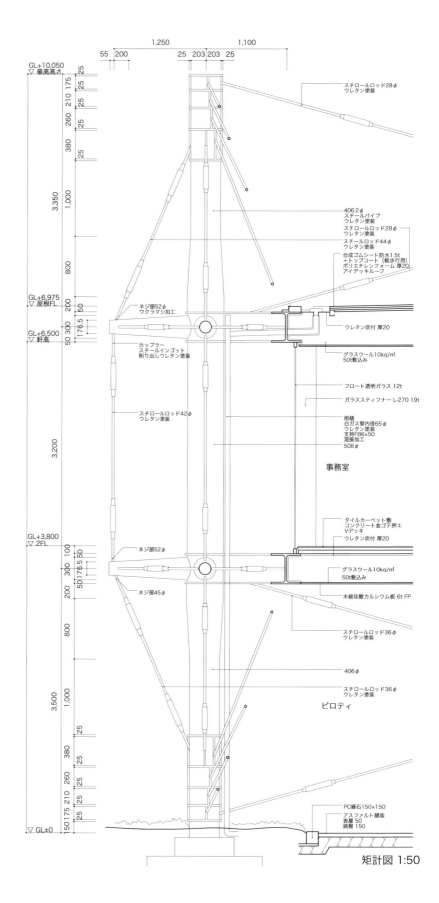

GL+10,050 ▽ 最高高さ
GL+6,975 ▽ 屋根FL
GL+6,500 ▽ 軒高
GL+3,800 ▽ 2FL
▽ GL±0

スチロールロッド28φ
ウレタン塗装

406.2φ
スチールパイプ
ウレタン塗装
スチロールロッド28φ
ウレタン塗装
スチロールロッド44φ
ウレタン塗装
合成ゴムシート防水1.5t
＋トップコート（軽歩行用）
ポリエチレンフォーム 厚20
アイデッキルーフ

ウレタン吹付 厚20

グラスウール10kg/㎡
50t敷込み

フロート透明ガラス 12t
ガラススティフナー L-270 19t

雨樋
白ガス管内径65φ
ウレタン塗装
支持FB6×50
溶接加工
508φ

事務室

タイルカーペット敷
コンクリート金ゴテ押エ
Vデッキ
ウレタン吹付 厚20

グラスウール10kg/㎡
50t敷込み
木綿珪酸カルシウム板 6t FP

スチロールロッド36φ
ウレタン塗装

406φ
スチロールロッド36φ
ウレタン塗装

ピロティ

PC縁石150×150
アスファルト舗装
表層 50
路盤 150

ネジ部52φ
ワクラマシ加工

カップラー
スチールインゴット
削り出しウレタン塗装

スチロールロッド42φ
ウレタン塗装

ネジ部52φ

ネジ部45φ

矩計図 1:50

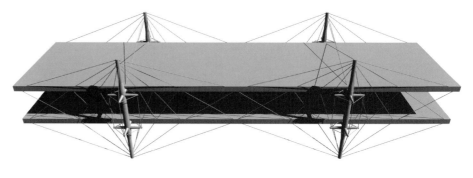

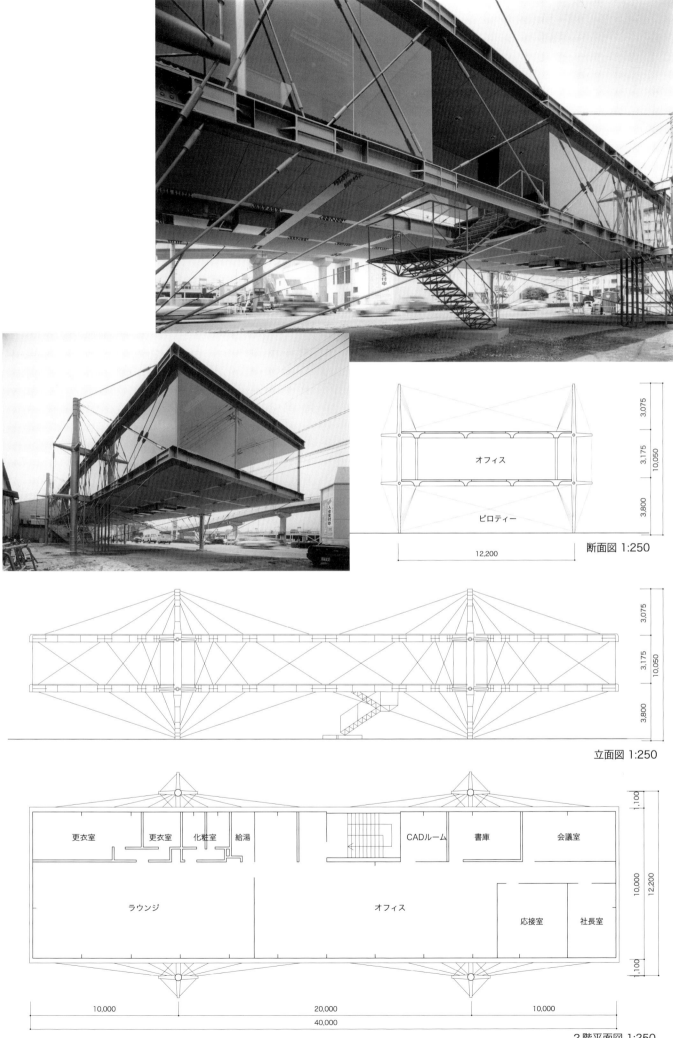

オフィス

ピロティー

3,075
3,175
10,050
3,800
12,200

断面図 1:250

3,075
3,175
10,050
3,800

立面図 1:250

| 更衣室 | 更衣室 | 化粧室 | 給湯 | | CADルーム | 書庫 | 会議室 |

ラウンジ

オフィス

応接室

社長室

1,100
10,000
12,200
1,100

10,000　　　　20,000　　　　10,000
40,000

2階平面図 1:250

■ピンアーチで覆う
（3ヒンジ）

横浜市少年自然の家
赤城林間学園森の家

□概要

横浜市少年自然の家の雨天時における活動の
ための施設である。アカマツ林に囲まれた自然
環境の中でできるだけ巨大化を避け、自然に同
化し、なじみやすい形態と素材を用いて計画さ
れている。

□空間のかた

- 周辺の自然林の中であまり目立たないよう
  に、全体の形態は昆虫の殻のように中央部が
  膨らみ周辺に低くなる球体面の形態とする。
- 架構はこの球体面を覆うように設定しリブ
  状の梁をトラス状（水平）に配置した。
- 梁の部材は上部に円弧を描き、下部は直線と
  する。この部材は3ヒンジアーチとして組み
  上げ、RCの柱で受ける方法を採用。
- 力の流れを集約化し構造体で表現している。

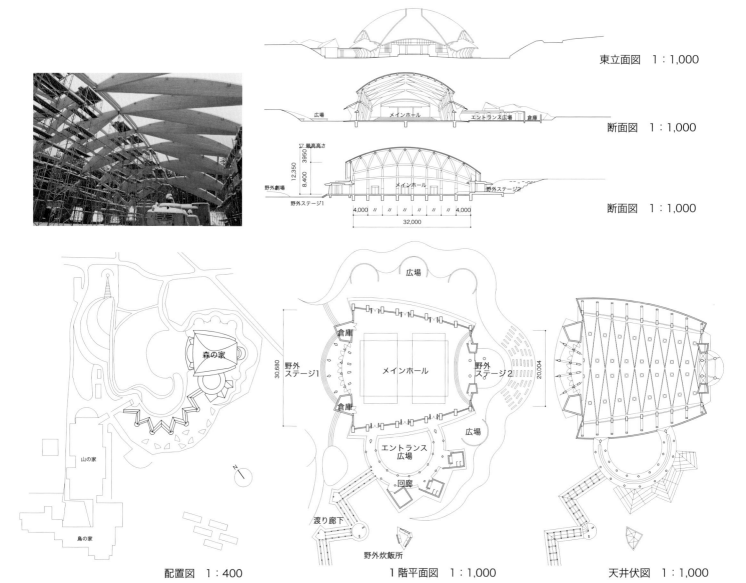

東立面図　1：1,000

断面図　1：1,000

断面図　1：1,000

配置図　1：400

1階平面図　1：1,000

天井伏図　1：1,000

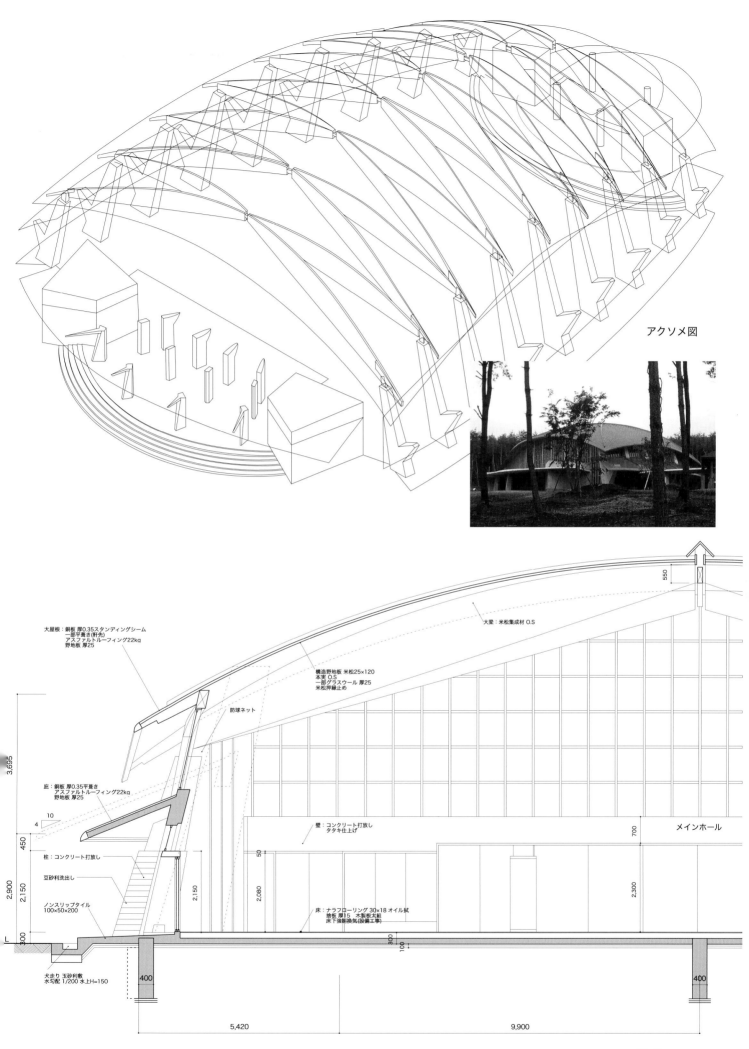

アクソメ図

大屋根：銅板 厚0.35スタンディングシーム
一部平葺き(軒先)
アスファルトルーフィング22kg
野地板 厚25

大梁：米松集成材 O.S

構造野地板 米松25×120
本実 O.S
一部グラスウール 厚25
米松押縁止め

防球ネット

庇：銅板 厚0.35平葺き
アスファルトルーフィング22kg
野地板 厚25

10
4

壁：コンクリート打放し
タタキ仕上げ

メインホール

550

700

柱：コンクリート打放し

豆砂利洗出し

ノンスリップタイル
100×50×200

床：ナラフローリング 30×18 オイル拭
捨板 厚15 木製根太組
床下強制換気(設備工事)

犬走り 玉砂利敷
水勾配 1/200 水上H=150

3,695

450

2,900
2,150

2,150

50

2,080

2,300

300

100

400

400

5,420

9,900

断面図 1：100

79

■ETFEフィルムで覆う（集成材フレーム）

新豊洲Brilliaランニングスタジアム

□概要

義足調整室を併設した障害者アスリートのためのトレーニングセンターである。"走る"をテーマに、コミュニティの場として広く利用される民間主導の社会貢献型建築で、障害者と健常者が共同でアートパフォーマンスをつくりあげる団体の活動拠点としても使用される。

□空間のかた

- ランニングの聖地にふさわしい60mのランニングトラックを計画。建築デザインは長いトンネル状（全長108m）のフォルムとなった。

- 合理的かつ経済的な部材のユニット化とETFE（Ethylene tetrafluoroethylene/エチレンテトラフルオロエチレン）フィルムを2層構造にして、内部に空気を送り込み、空気圧のみで梁を使わず2mのスパンを飛ばして豊かな空間を計画。部材の軽減と軽量化を図り、限られた工期と予算をクリアした。

- ETFEを固定する屋根の主要構造部は環境配慮の観点から木製フレーム（432本）を採用。最小限の構造部材と接合部の検討を重ね、木製のフレームを湾曲加工することで軽量化と低予算の課題を解決した。湾曲部材の加工は、専用の曲げ機を使用するのではなく、家具をつくるように特殊な治具をつくり、通常のプレス機で一度に4本の部材を加工できる方法で製作した。これにより、製造期間の短縮も実現した。

配置図 1：30,000

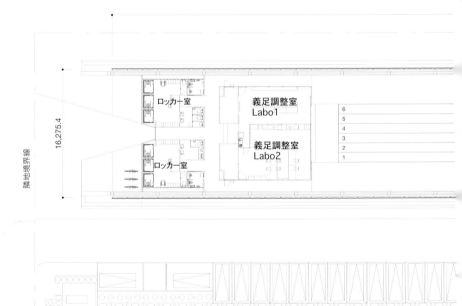

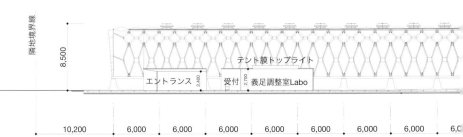

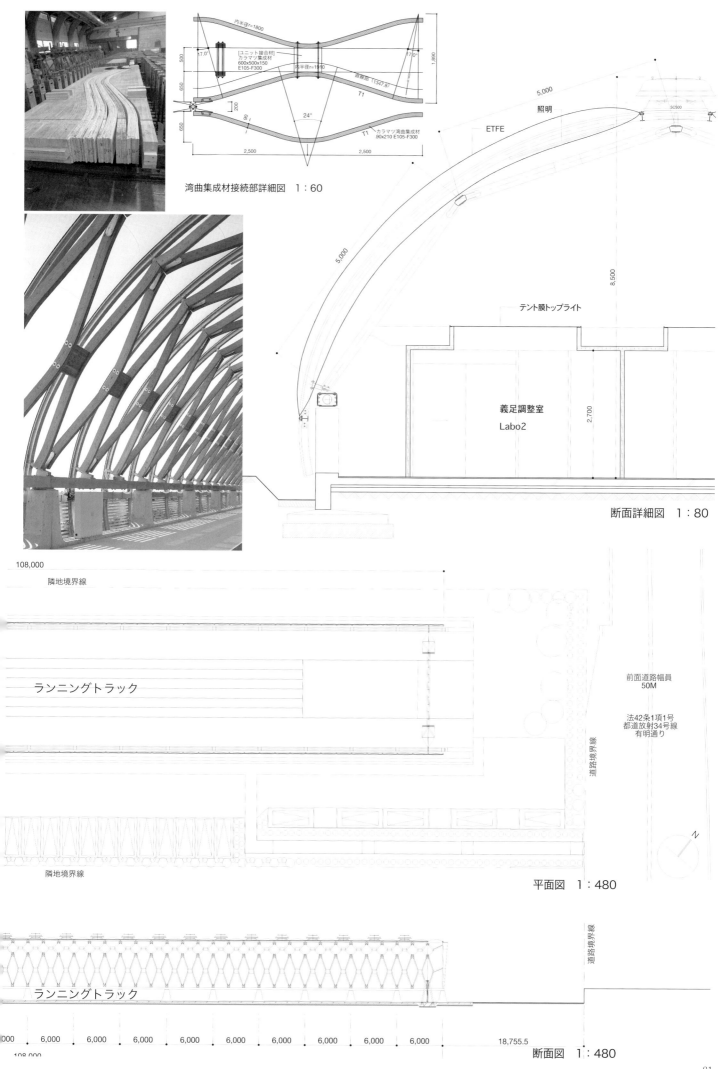

湾曲集成材接続部詳細図 1：60

[ユニット接合材]
カラマツ集成材
600x500x150
E105-F300

内半径r=1800
内半径r=1600
道幅員 (1347.8)
17.0°
17.0°
500
650
200
90
24°
650
T1
T1
カラマツ湾曲集成材
90x210 E105-F300
2,500　　2,500
1,890

照明
ETFE
5,000
5,000
8,500
SC500

テント膜トップライト

義足調整室
Labo2
2,700

断面詳細図 1：80

108,000
隣地境界線

ランニングトラック

前面道路幅員
50M

法42条1項1号
都道放射34号線
有明通り

道路境界線

隣地境界線

平面図 1：480

道路境界線

ランニングトラック

6,000　6,000　6,000　6,000　6,000　6,000　6,000　6,000　6,000　6,000

18,755.5

断面図 1：480

108,000

IV 面・骨・線

面・骨・線材の組合せによってつくられる空間

面・骨・線
材の組合せによってつくられる空間の種類と分類

空間がつくられる基本的構成としてこれまで面、骨、線材について取り上げてきた。ここでの類例は3種類の合成によってつくられる空間で、これまでの基本的範疇に属しがたい事例である。

□水平面＋多柱
水平面と柱によってつくられる空間構成は、面と骨組の合成といえる。面における垂直面の代わりに多くの細柱、骨組における梁に代わり水平な板で空間が構成されている。このイメージに近い原型は、'ジョンソン・ワックス本社' であろう。

「チューブ柱と平面版でつくる」空間の事例は、チューブ（細径のシームレス鋼管を用いた縦型ラチス柱）とプレート（鋼製サンドイッチ版）によってつくられる多層建築を意味し、'せんだいメディアテーク' が唯一代表的な作品である。

「極細柱と平面版でつくる」空間の事例は、極細の鋼管パイプ柱と無梁の水平版によってつくられる空間構成である。'古河総合公園飲食施設' は規則的な細柱を間引きしてより構造を消去化し、透明感ある造形としたものである。

「紙筒と平面版でつくる」空間の事例は特殊な構法で、'紙の家' は間仕切りを兼ねた紙管による不規則な柱で平板屋根（鉄骨下地）を支える住宅である。

□ガラスの箱と壁コア
面材によってつくられる空間の特殊な型であるが、建物周辺の壁は限りなく消去化・透明化され、その造形はガラスの箱そのものとなる。原型としては近代建築の特徴であるカーテンウォール建築で、先駆的作品としては有名な 'ガラスの摩天楼（案）' が考えられる。日本では戦後まもなく建てられた 'リーダーズダイジェスト東京支社' がある。

「壁コアを細柱で囲う」空間構成は主として壁コアによって平版コンクリートが支えられ、壁は透明膜によるカーテンウォールでできている。'洗足の連結住棟' はいくつかの棟が方向の異なる壁によって連結されることで互いに支え合った特殊な構造といえる。

「壁コアを方立てで囲う」は、建物の周辺が細柱もないすべてガラスの箱の建築である。'葛西臨海公園展望広場レストハウス' は、ガラス箱の中にコンクリートの箱が入った入れ子の空間構成でこの種の代表的な事例である。

□周辺の骨組で支える
この空間構成は、竹籠や籐のまくらをイメージした一種の外殻構造（チューブ）で、もともと無柱オフィス空間の追求から生まれた。先駆的な事例としては '東京海上ビルディング' や9.11で崩壊した 'ワールドトレードセンター' が挙げられる。

「周辺の斜材で支える」空間構成は、構造的に斜め格子チューブで広義のトラスともいえよう。'SANKYO新東京本社ビル' は代表的な事例である。

「トラスとHP曲面で包む」空間構成は、HP曲面で大空間をつくったものである。'石川県金沢港大野からくり記念館' は木製トラスによってHP曲面を実現した特異な事例といえる。

ル・ランシーのノートルダム教会堂
(1923)

ジョンソン・ワックス本社
(1939)

水平面＋多柱
（面と骨組の合成）

ガラスの摩天楼

リーダーズダイジェスト東京支社
(1951)

面・骨・線 ────

ガラスの箱と壁コア
（面と線材の合成）

東京海上ビルディング
(1974)

ワールドトレードセンター
(1976)

周辺の骨組で支える
（面・骨組と線材の合成）

せんだいメディアテーク
(2000)

チューブ柱と平面（版）でつくる

不均一多柱と無梁化

岡山西警察署
(1996)

古河総合公園飲食施設
(1998)

AMIDA HOUSE
(2011)

極細柱と平面（版）でつくる

紙の家
(1995)

紙筒と平面（版）でつくる

Dクリニック
(2002)

洗足の連結住棟
(2006)

| — |

壁の消去化と透明化

コアを細柱で囲う

葛西臨海公園展望広場
レストハウス
(1995)

コアと方立てで囲う

ＳＡＮＫＹＯ新東京本社ビル
（立体）(1998)

下馬の集合住宅
(2013)

金沢海みらい図書館
(2011)

大空間化と竹籠化

周辺の斜材で支える

石川県金沢港大野からくり記念館（曲面）
(1996)

トラスとＨＰ曲面で包む

これに属する建築は、主として面材と骨組、骨組と線材など、三つのカテゴリーの組合せによる建築である。デザインモチーフが誘発されやすい要素（部位）は、面・骨・線材によってつくられる要素がよく表現している。面材と骨組においては主として面材の壁が、あるいは骨組の柱がデザインモチーフの要素となる。三つのカテゴリーを含む建築では、各カテゴリーが自立的に別々のものを表現する場合と三つのカテゴリーが一体となってあるものを表現する二つの方向に分けられる。

■ 面材と骨組

1 主として柱が意味する。
柱と面の構成において面が有効に働くことで、柱がいっそう強調され、特別な意味を象徴する。

2 主として壁（面）が意味する。
骨組の中で、いっそう際立った壁に意味をもたせることで、あるモチーフを表現する。

森林
（ジョンソン・ワックス本社）

ポプラ林
（アルミニウムセンター）

壁の傷口
（ユダヤ博物館）

波
（VIvo City）

香水瓶
（プラダ・ブティック）

■ 骨組と線材

1 主として線材が意味する。
骨組の中でこそ、線材の特徴がひと際生かされ、あるモチーフを表現する。

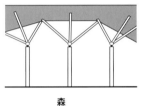

森
（House F）

都市を内包する温室
（カーニバルショーケース）

■ 面材・骨組・線材の各要素が個々に表現

1 多様な形態を現す。
面材・骨組・線材がそれぞれの特徴を生かしながらあるモチーフを表現し、全体として多様な意味をつくり出す。

2 幾何学的構成を表現。
面・柱・線がそれぞれの特徴を生かしながら、幾何学的な面構成をつくり出す。

地形
（湘南台文化センター）

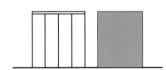

面と線の二分法
（岡山西警察署）

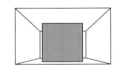

入り子と対比（不透明と透明）
（ランゲ美術館）

■ 面材・骨組・線材の一体によるオブジェ。

1 ある形をモチーフにする。
面材・骨組・線材によってつくられる建築が、それぞれの特徴を生かしながらも混然一体となって一つのモチーフを表現する。

2 塊による組合せ。
面・骨・線によってつくられる建築が、いくつかの塊に混成され、再び組み合わせられて一つのモチーフを表現する。

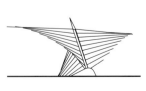

飛ぶ鳥
（ミルウォーキー美術館）

ねじれたトルソ
（ターニングトルソ）

目
（オスカー・ニーマイヤー美術館）

地球の断片
（帝国戦争博物館北館）

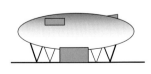

宇宙船
（石ノ森萬画館）

作品・設計テーマ	デザインモチーフ	伝達と反映	空間とかたち
□ ベルリン・ユダヤ博物館 「建築のメッセージ性」 設計：ダニエル・リベスキンド （ドイツ・ベルリン、1999）	□ 引き裂かれた傷口 　 迷路の構成  メタリックな外観は重苦しい空間を表現。	□ 伝達方法 　・直截的表現 　・**隠喩的表現** 　・類推的表現 □ 反映する側面 　・**形態的側面** 　・**表層的側面** 　・**機能的側面** 　・構造的側面 　・環境的側面	

建物はバロック様式の旧棟と地下で連結されたリベスキンド棟によって構成。外壁は強引に引き裂かれた傷口のような開口部を無数にもつ。平面はジグザグ形状を串刺しにした軸線が走り、まるで迷路のようである。ユダヤ博物館は、大量殺戮の悲劇とそこから解き放たれ自由の喜びを表現した空間である。

類似例
・**プラダ・ブティック**（ヘルツオーク＆ド・ムーロン、東京、2003）
面でつくられた建物であればMIKIMOTOと同系列であろう。斜め格子の構造に凹凸のあるガラスを用いた外観はプラダ・ブティックの香水瓶をイメージさせる。

作品・設計テーマ	デザインモチーフ	伝達と反映	空間とかたち
□ 湘南台文化センター 「地形としての建築」 設計：長谷川逸子・建築計画工房 （神奈川、1990）	□ 森・山・野・海・台地・川 　…そして橋・鳥居・ピラミッド  金属・コンクリートなどで自然風景を表現。	□ 伝達方法 　・直截的表現 　・**隠喩的表現** 　・類推的表現 □ 反映する側面 　・**形態的側面** 　・**表層的側面** 　・機能的側面 　・構造的側面 　・環境的側面	

主用途を地下に埋蔵し、地上はこの地域に連続する「地形空間＝自然空間」を実現させたい主旨。現代の計画からは除外された自然と共存することで生じる神秘性、象徴性、街の迷路性や界隈性などの要素を敷地の中に埋め込む。訪れる人々に自然のアナロジカルな記号として建築が語りかける。

作品・設計テーマ	デザインモチーフ	伝達と反映	空間とかたち
□ アルミニウムセンター 「オランダの自然環境」 設計：ミハ・デ・ハース （オランダ・ハウテン、2001）	■ ポプラ林（森） 筒状のアルミニウム柱368本はポプラ林を表現。	□ 伝達方法 　・直截的表現 　・**隠喩的表現** 　・類推的表現 □ 反映する側面 　・**形態的側面** 　・表層的側面 　・機能的側面 　・構造的側面 　・**環境的側面**	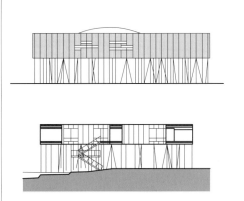

建物はアルミニウムに関する展示場で、環境的にも工夫がみられる。最初の模型は、針山にマッチ箱を載せたもので、計画のコンセプトを顕著に表現している。細柱はオランダ全土にみられるポプラ林の配列を表現し、支柱で持ち上げられた建物内は1本の柱も壁もない。林の中は風が水面をそよぐ風情すらある。

類似例
・**砥用町林業総合センター**（西沢大良建築設計事務所、熊本、2004）
木とスチールの混構造でガラスの直方体を支える。内観からは、周辺の「茂み」のようにみえる。

作品・設計テーマ	デザインモチーフ	伝達と反映	空間とかたち
□ ジャン・マリー・ チバウ文化センター 「土地の固有性」 設計：レンゾ・ピアノ （ニューカレドニア・ヌメア、1998）	□ **カーズによる伝統的集落**  鉄と集成材を組み合わせてカーズのイメージを表現。	□ **伝達方法** 　・直截的表現 　・隠喩的表現 　**・類推的表現** □ **反映する側面** 　**・形態的側面** 　・表層的側面 　**・機能的側面** 　・構造的側面 　**・環境的側面**	
文化センターのシルエットは「カーズ」である。カーズとはこの地域の土着の小屋で、このプロジェクトは与えられた土地に集落をつくるという発想から生まれた。カーズは、集落の構法を内在させる建築的仕掛けと環境工学的な装置をもつ。この発想は、新たな素材技術と環境工学の方法とを結び付けた。			
□ 田崎美術館 「境界を曖昧にする」 設計：原広司 ＋都市建築計画ベーシック ＋アトリエ・ファイ建築研究所 （長野、1986）	□ **木・雲・霧・虹・山並** 　（自然現象と造形）  新建材でうつろう自然現象を表現。	□ **伝達方法** 　・直截的表現 　**・隠喩的表現** 　・類推的表現 □ **反映する側面** 　**・形態的側面** 　**・表層的側面** 　・機能的側面 　**・構造的側面** 　・環境的側面	
展示は特定作家のものである。中庭を不規則にすることで、内と外の境界をいっそう曖昧にする。外部のカラマツの垂直性は、内部のコンクリート柱と重なる。内部に雲や山並の形態を引用することで内と外の連続性を越え内と外の融合を図る。この建物以後、様相の表出(虹・雲・霧…)は設計者のテーマへと発展。		類似例 ・カルティエ財団（ジャン・ヌーベル、パリ、1994） 　ガラス・スクリーンによって自然を取り込み、ランドスケープの建築化を試みる。 ・京都駅（原広司＋アトリエ・ファイ建築研究所、京都、1997） 　均質な駅ビルの壁面に自然の風景を映り込ませる。	
□ 帝国戦争博物館北館 「平和の再構築」 設計：ダニエル・リベスキンド （イギリス・マンチェスター）	□ **破壊された地球の断片**  断片や破片が外に突き出した形を表現。	□ **伝達方法** 　・直截的表現 　**・隠喩的表現** 　・類推的表現 □ **反映する側面** 　**・形態的側面** 　・表層的側面 　**・機能的側面** 　・構造的側面 　・環境的側面	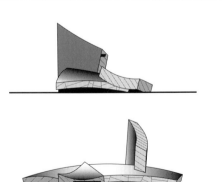
展示は20世紀の数々の紛争を題材にしている。造形は集団や地域・社会が紛争により砕かれた断片や破片、それらと歴史の痕跡を再び集め再構築された形。三つの断片によって内包された室内は20世紀の紛争を地・水・空として具現化。この手法は、民族意識に対して強く心に響かせる設計者特有の手法である。			

作品・設計テーマ	デザインモチーフ	伝達と反映	空間とかたち
■ ジョンソン・ワックス本社 「壁と柱の対比」 設計：フランク・ロイド・ライト （アメリカ・ウィスコンシン、1939）	□ 森林の木漏れ日  コンクリートの円柱は森と光を表現。	□ 伝達方法 ・直截的表現 ・**隠喩的表現** ・類推的表現 □ 反映する側面 ・形態的側面 ・**表層的側面** ・機能的側面 ・**構造的側面** ・環境的側面	

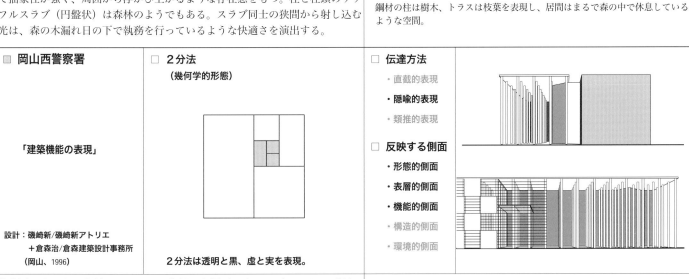

樹形状の柱群は研究棟の3層吹抜けの事務室に立つ。白い柱は周囲の壁に対して抽象性が強く、周囲から浮かび上がるような存在感をもつ。柱と柱頭のワッフルスラブ（円盤状）は森林のようでもある。スラブ同士の狭間から射し込む光は、森の木漏れ日の下で執務を行っているような快適さを演出する。

類似例
・House F（坂本一成、東京、1988）
　鋼材の柱は樹木、トラスは枝葉を表現し、居間はまるで森の中で休息しているような空間。

作品・設計テーマ	デザインモチーフ	伝達と反映	空間とかたち
■ 岡山西警察署 「建築機能の表現」 設計：磯崎新/磯崎新アトリエ ＋倉森治/倉森建築設計事務所 （岡山、1996）	□ 2分法 （幾何学的形態） 2分法は透明と黒、虚と実を表現。	□ 伝達方法 ・直截的表現 ・**隠喩的表現** ・類推的表現 □ 反映する側面 ・**形態的側面** ・**表層的側面** ・**機能的側面** ・構造的側面 ・環境的側面	

警察署は大きく2分割されている。北側は留置房を含めたブロックで「黒い箱」。南側には同一ヴォリュームをもったパブリックとアクセスのブロックで「透明の箱」。さらに透明な箱は東側は列柱で西面がガラス面である。この対比は、警察機能のクローズな部分とオープンな部分を見事に形態化している。

作品・設計テーマ	デザインモチーフ	伝達と反映	空間とかたち
■ ミルウォーキー美術館 「調和とアイデンティティ」 設計：サンティアゴ・カラトラヴァ （アメリカ・ウィスコンシン、2001）	□ 飛ぶ鳥 線材のスチールで巨大な翼を表現。	□ 伝達方法 ・**直截的表現** ・隠喩的表現 ・類推的表現 □ 反映する側面 ・**形態的側面** ・表層的側面 ・機能的側面 ・構造的側面 ・**環境的側面**	

E・サーリネンが設計したミシガン湖岸の美術館の増築。メイン・パヴィリオンのイメージは湖畔に佇む鳥。巨大な可動式ブリーズソレイユ（日除けルーバー）は鳥の翼。動くさまは、翼を大きく羽ばたく鳥を思いおこさせる。街と美術館を結ぶ歩道橋も設計者独自の斜張橋。建物の造形が圧倒的な存在感を示す。

類似例
・**新潟スタジアム**（日建設計、新潟、2001）
　スタジアムの屋根の形は、スタジアムに近い鳥屋野潟に飛来する白鳥の広げた羽をイメージしたもの。別名「ビッグスワン」と呼ばれる。

■チューブ柱と平面（版）でつくる
せんだいメディアテーク
概要・配置図・写真・CG

□概要
1995年に行われた国際公開設計競技によって235案の中から実施案に選出されたかつてない斬新なデザインと構造形式による建築である。'せんだいメディアテーク'は、ライブラリー、ギャラリー、映像メディアセンター、バリアフリー情報提供施設の四つの機能をもった21世紀型の新しい公共文化施設である。

□空間のかた
- 'せんだいメディアテーク'を構成する建築的要素は
    - チューブ … 海藻のようにゆらめく柱
    - プレート … 徹底的に薄いフラットスラブ
    - ス キ ン … 透明ガラスによるダブルスキンのファサード

□スキン＝ダブルスキン
- 南面はガラスを構造的に用いた透明度の高いダブルスキンとする。
- 地震時の変位に対しては、各階のスラブの上の方立てファスナー部分で吸収する。
- ダブルスキンの外側ガラス面は、目地シールの変形で地震時の変形を吸収する。

□チューブ＝鉄骨ラチス柱
- チューブはシームレス鋼管を用いたHP状のラチス柱により透過性の高い構造体とする。
- チューブは大小合わせて13本の独立シャフト（直径約2〜9m）からなる。
- 4本の大径チューブは、偏芯によるねじれが生じにくいように平面的に四隅に配置され、水平力を負担。
- 9本の小径チューブは、主として鉛直荷重を負担する支柱として平面的にバランスよく配置。

□プレート＝鋼製サンドイッチ床版
- 鋼製サンドイッチ床版の構造は、床厚400mm、格子間隔1,000mm、鉄板厚6〜12mm（支点付近は16〜25mm）。
- プレートの支持方法は単純支持とし、サンドイッチ版の上面をリング梁の上に直接載せた納まりとしている。この納まりによりチューブとプレートのディテールがシンプルになり、支点反力により生まれるチューブへの面外曲げ応力の伝達を回避する。

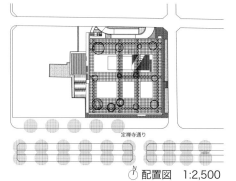

定禅寺通り

N 配置図　1:2,500

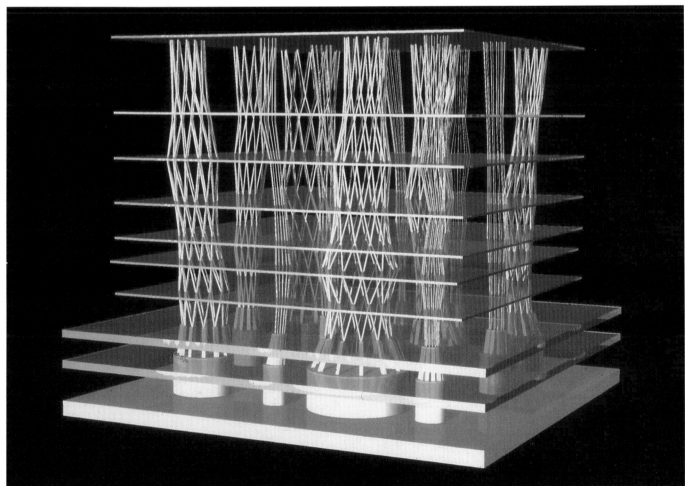

せんだいメディアテーク

立面図・平面図

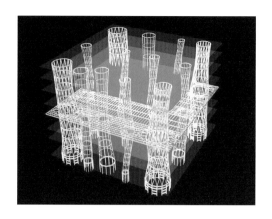

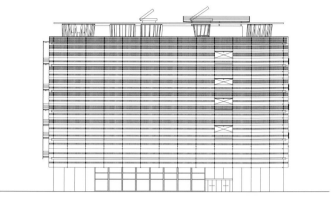

南立面図　1：800

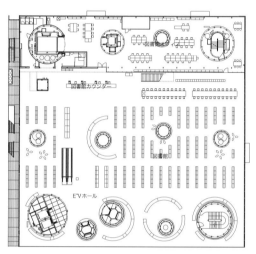

3階　ライブラリー

3、4階は「ライブラリー」と呼ばれる。2層吹抜けが一体になった
このフロアには市民図書館の機能が与えられる。図書館オフィス、カ
ウンターが配置される。

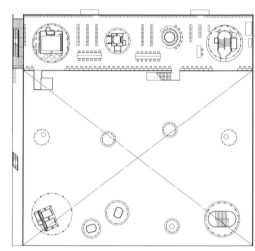

4階　ライブラリー

4階はメザニンであり、専門書や参考資料を静かに閲覧するスペースで
ある。

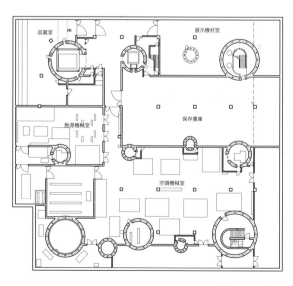

B2階　1：800

B2階は機械室、収蔵庫などの建物のバックアップを担うスペースである。

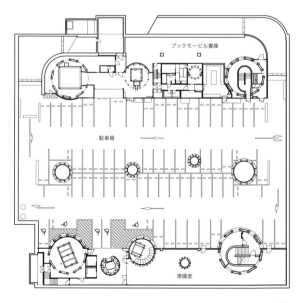

B1階

B1階はパーキングを中心とし、ブックモービル書庫や準備室が配置されて
いる。

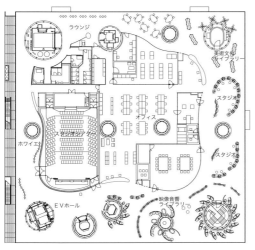

7 F　スタジオ

7階は「スタジオ」と呼ばれる。オフィスなどを島状に配置し、外周部を自由に回遊できる。そこではワークショップや映像閲覧、美術書のライブラリーのためのスペースが配置されている。

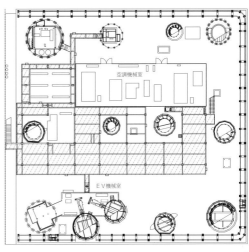

屋上階

屋上は空調機械室、ＥＶ機械室が配置される、メンテナンススペースである。

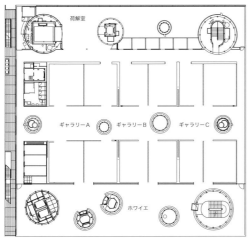

5階　ギャラリー

5階は天井高 3,300 ㎜の「ギャラリー」である。可動と固定の間仕切りの組合せで小さなスケールでの利用を前提としている。三つのギャラリースペースがある。

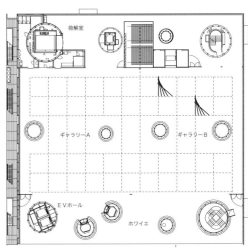

6階　ギャラリー

6階はもう一つの天井高 4,200 ㎜の「ギャラリー」で、さまざまなイベントも行える。フロアは可動パーティションで仕切ることも可能で、自由度の高いスペースである。

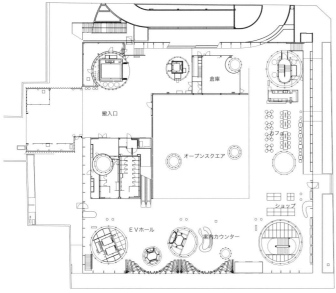

1階　プラザ　1：800

エントランスホールともなる1階は「プラザ」と呼ばれる。定禅寺通り側が屋内の公開空地となっており，大型開口を備え，気候のよいときには開放される。可動壁で閉じることも可能なオープンスクエアを中心として、カフェやショップが配置されている。

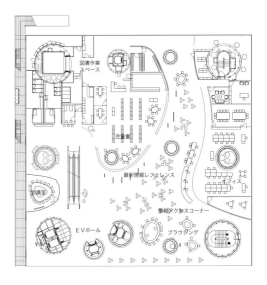

2階　インフォメーション

2階は「インフォメーション」と呼ばれるアクセス情報を得るためのスペースである。インフォメーションカウンターや、雑誌やインターネットなどのブラウジング、子供のための本のスペースが配置されている。

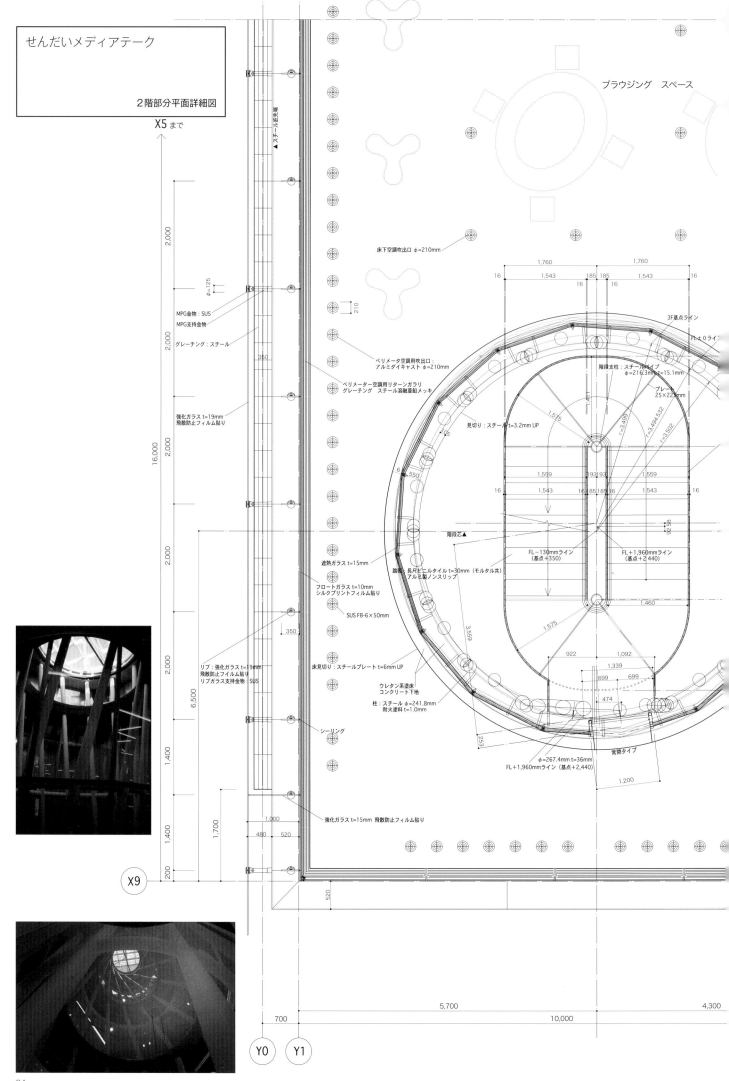

せんだいメディアテーク

2階部分平面詳細図

X5 まで

ブラウジング　スペース

床下空調吹出口 φ=210mm

MPG金物：SUS
MPG支持金物
グレーチング：スチール

ペリメータ空調用吹出口：
アルミダイキャスト φ=210mm

ペリメーター空調用リターンガラリ
グレーチング　スチール溶融亜鉛メッキ

強化ガラス t=19mm
飛散防止フィルム貼り

3F基点ライン

FL±0ライン

階段支柱：スチールタイプ
φ=216.3mm t=15.1mm

プレート
25×225mm

見切り：スチール t=3.2mm UP

遮熱ガラス t=15mm

踏面：長尺ビニルタイル t=30mm（モルタル共）
アルミ製ノンスリップ

フロートガラス t=10mm
シルクプリントフィルム貼り

SUS FB-6×50mm

リブ：強化ガラス t=19mm
飛散防止フィルム貼り
リブガラス支持金物 SUS

床見切り：スチールプレート t=6mm UP

ウレタン系塗床
コンクリート下地

柱：スチール φ=241.8mm
耐火塗料 t=1.0mm

シーリング

強化ガラス t=15mm 飛散防止フィルム貼り

階段芯▲

FL−130mmライン
（基点+350）

FL+1,960mmライン
（基点+2,440）

常閉タイプ

φ=267.4mm t=36mm
FL+1,960mmライン（基点+2,440）

X9

Y0　Y1

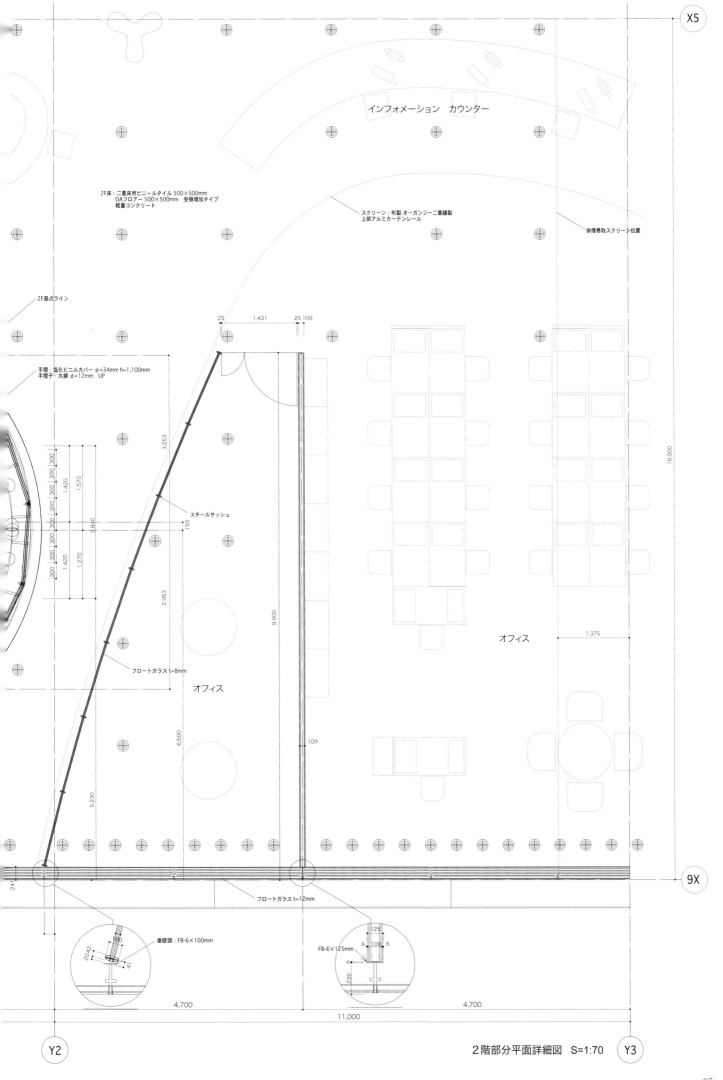

インフォメーション　カウンター

2F床：二重床用ビニールタイル 500×500mm
　　　OAフロアー 500×500mm　受領増加タイプ
　　　軽量コンクリート

スクリーン：布製 オーガンジー二重縫製
　　　上部アルミカーテンレール

排煙巻取スクリーン位置

2F基点ライン

手摺：塩化ビニルカバー φ=34mm h=1,100mm
手摺子：丸鋼 φ=12mm　UP

スチールサッシュ

フロートガラス t=8mm

オフィス

オフィス

フロートガラス t=12mm

垂壁部：FB-6×100mm

FB-6×125mm

X5

9X

16.000

9.800

1,375

109

2階部分平面詳細図　S=1:70

Y2

Y3

11,000

4,700

4,700

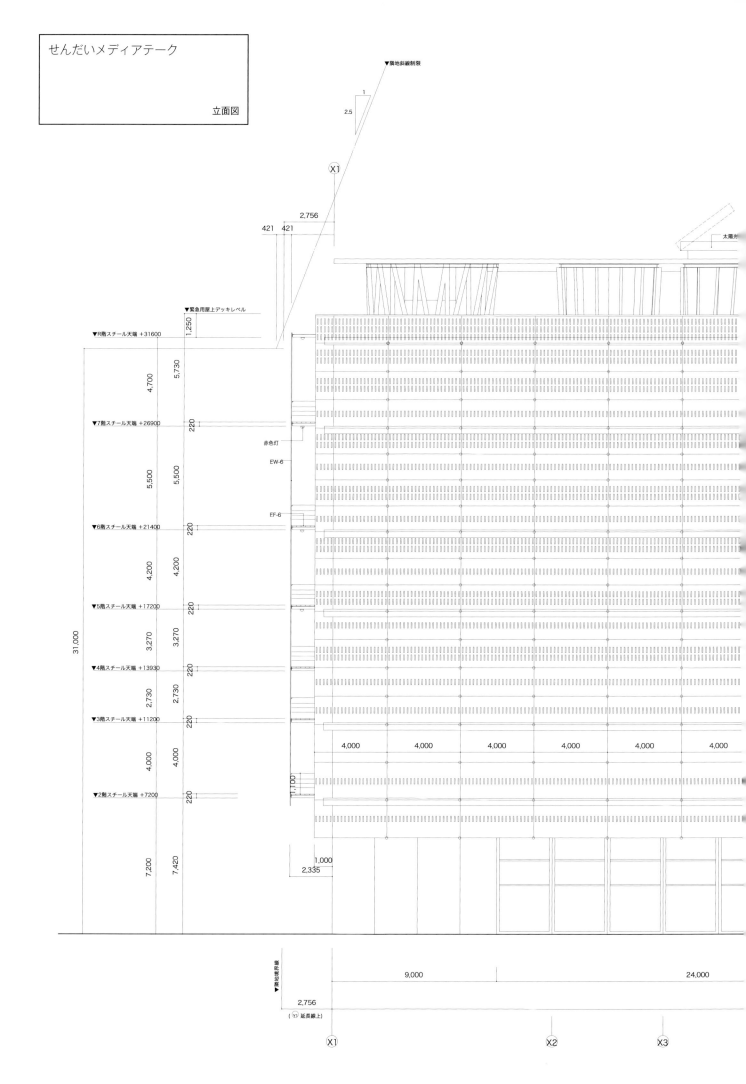

せんだいメディアテーク

立面図

▼隣地斜線制限

2.5　1

X1

2,756

421　421

太陽光

▼緊急用屋上デッキレベル

1,250

▼R階スチール天端 +31600

5,730　4,700

▼7階スチール天端 +26900

220

赤色灯

EW-6

5,500　5,500

EF-6

▼6階スチール天端 +21400

220

4,200　4,200

▼5階スチール天端 +17200

220

3,270　3,270

▼4階スチール天端 +13930

220

2,730　2,730

▼3階スチール天端 +11200

220

31,000

4,000　4,000

▼2階スチール天端 +7200

220

1,100

7,200　7,420

1,000

2,335

4,000　4,000　4,000　4,000　4,000　4,000

▼隣地境界線

9,000　24,000

2,756

(Y) 延長線上

X1　X2　X3

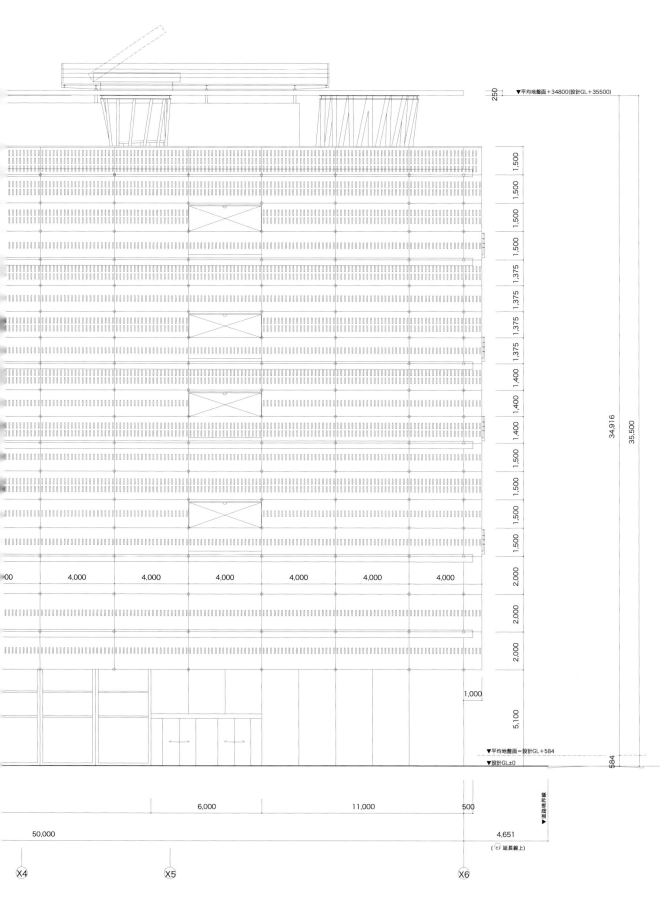

▼平均地盤面＋34800(設計GL＋35500)

250

1,500
1,500
1,500
1,500
1,500
1,375
1,375
1,375
1,400
1,400
1,400
1,500
1,500
1,500

34,916

35,500

2,000
2,000
2,000

1,000

5,100

▼平均地盤面＝設計GL＋584
▼設計GL±0

584

4,000　4,000　4,000　4,000　4,000　4,000　4,000

6,000　　　　　11,000　　　　500

50,000　　　　　　　　　　4,651

(Y)延長線上

X4　　　　　X5　　　　　X6

南立面図 1:200

せんだいメディアテーク

断面図

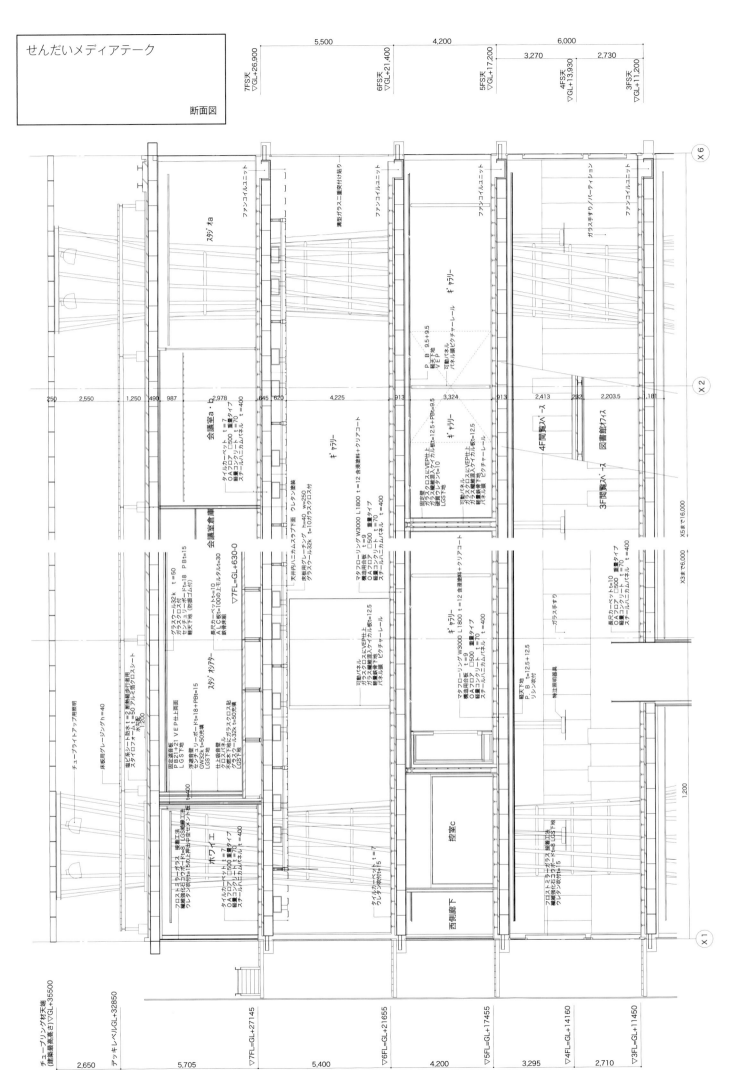

98

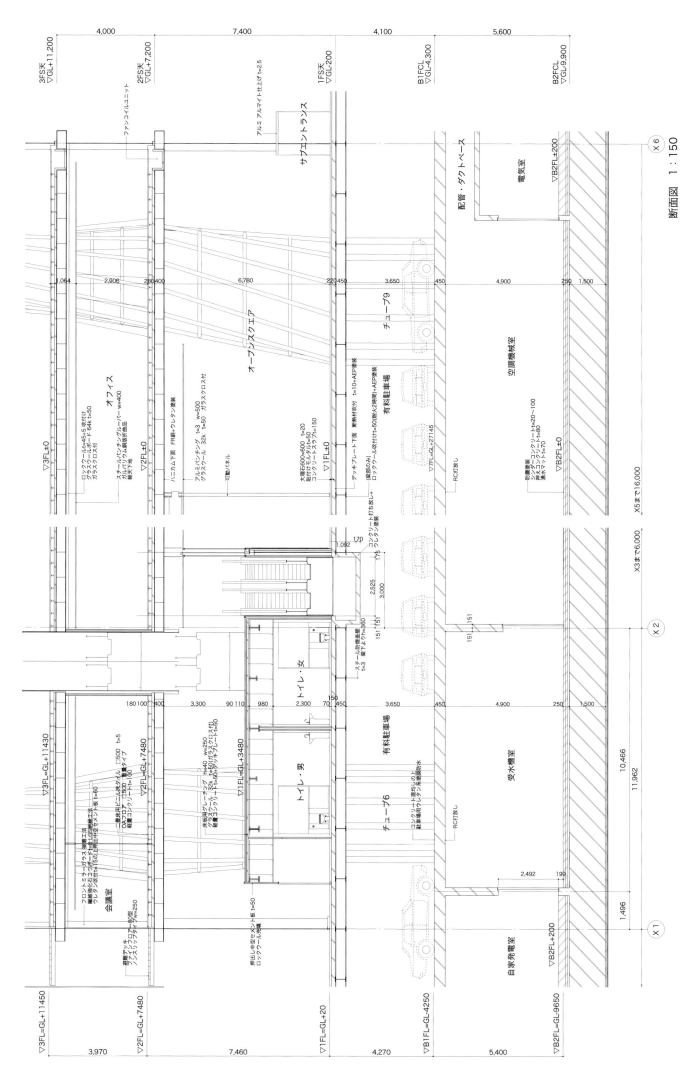

断面図 1：150

99

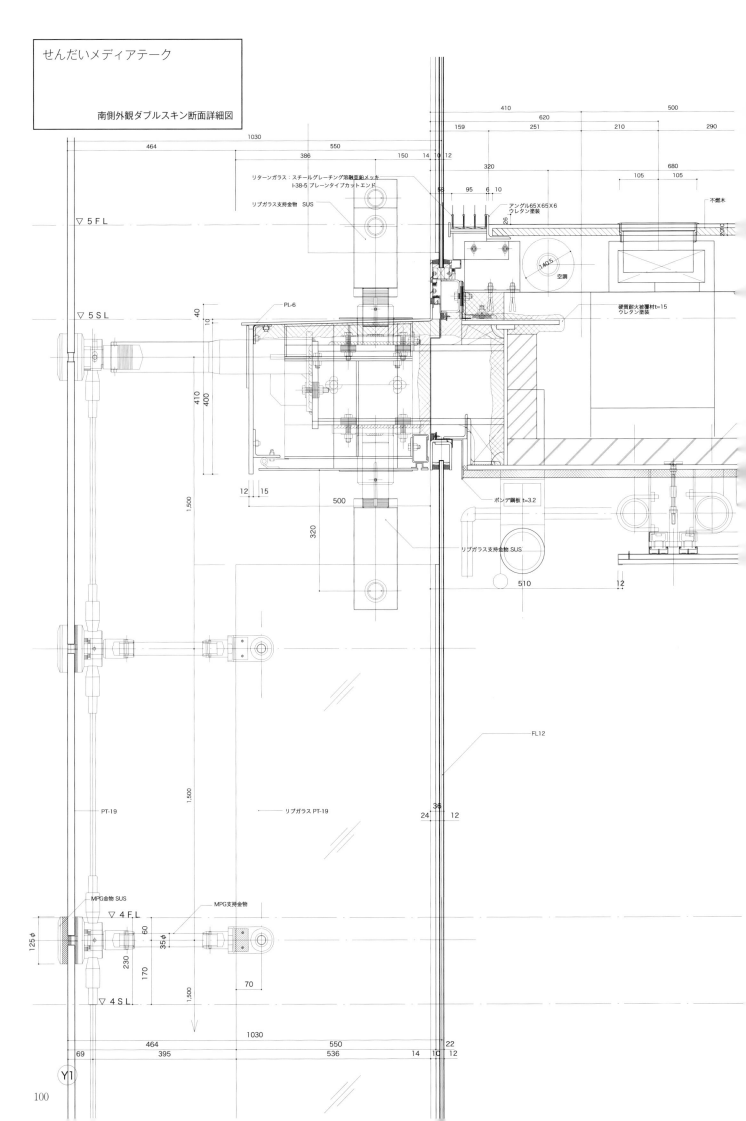

せんだいメディアテーク

南側外観ダブルスキン断面詳細図

▽ 5 F L

▽ 5 S L

▽ 4 F L

▽ 4 S L

リターンガラス：スチールグレーチング溶融亜鉛メッキ
t-38-5 プレーンタイプカットエンド

リブガラス支持金物 SUS

アングル65×65×6
ウレタン塗装

不燃木

空調

硬質耐火被覆材t=15
ウレタン塗装

PL-6

リブガラス支持金物 SUS

ボンデ鋼板 t=3.2

FL12

PT-19

リブガラス PT-19

MPG金物 SUS

MPG支持金物

Y1

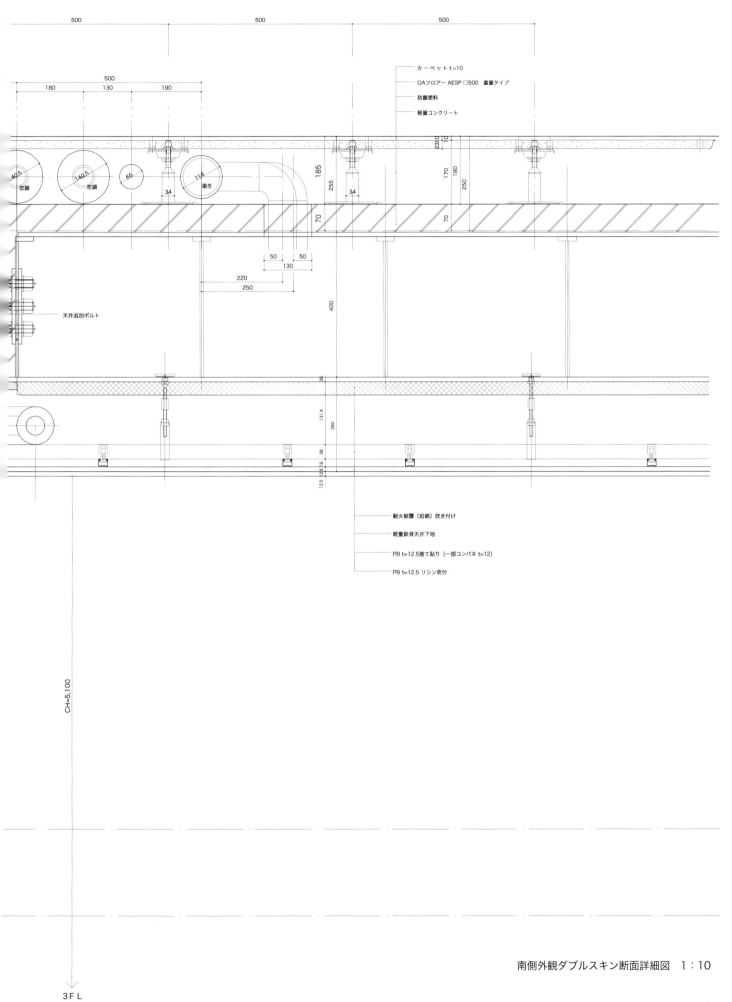

500   500   500

500

180   130   190

カーペット t =10

OAフロアー AESP □500 重量タイプ

防塵塗料

軽量コンクリート

空調　140.5

空調　140.5

65

衛生　114

34

34

185

255

70

231.0

10

170

180

250

70

天井追加ボルト

50   50

130

220

250

400

35

131.4

250

38

26.5 19

12.5

耐火被覆（岩綿）吹き付け

軽量鉄骨天井下地

PB t=12.5捨て貼り（一部コンパネ t=12）

PB t=12.5 リシン吹付

CH=5,100

3 F L

南側外観ダブルスキン断面詳細図　1：10

■パンチングウォールで包む

金沢海みらい図書館

□概要

リーディングスペースで気持ちよく本が読めることを追求した公共図書館の計画である。多くの本に囲まれて電子書籍では味わえない豊かな読書体験ができる環境として、約45m×45mの平面、高さ12mの空間を「パンチングウォール」が取り囲む単純な空間を創出。自然光に包まれるこの大きな空気のヴォリューム感が、図書館らしいリーディングスペースを表現している。

□空間のかた

• 内部の3層の床に「パンチングウォール」と呼ぶ大きな箱をかぶせた構成である。「パンチングウォール」は、一様に柔らかい光を取り入れるように、6,000個もの小さな開口（200∅、250∅、300∅）が一面に広がる。そして、壁面全体で地震力を負担。

• 大きな空間の室内環境を快適にするため、床下を利用したオンドル式暖冷房のほか、屋根には大きな自然換気口を設けて、中間期には快適な室内環境を確保。

• 緻密に計算された美しい内部空間と外観フォルムは、市街化されつつある金沢市西部地域において新しいシンボルとなっている。

配置図　1：5,000

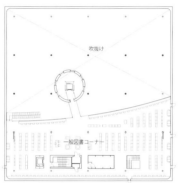

南北面図　1：1,000

3階平面図

2階平面図

1階平面図　1：1,000

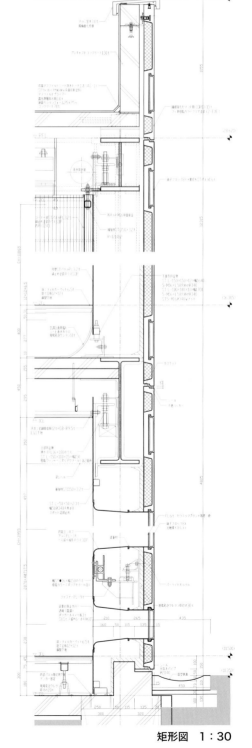

矩形図　1：30

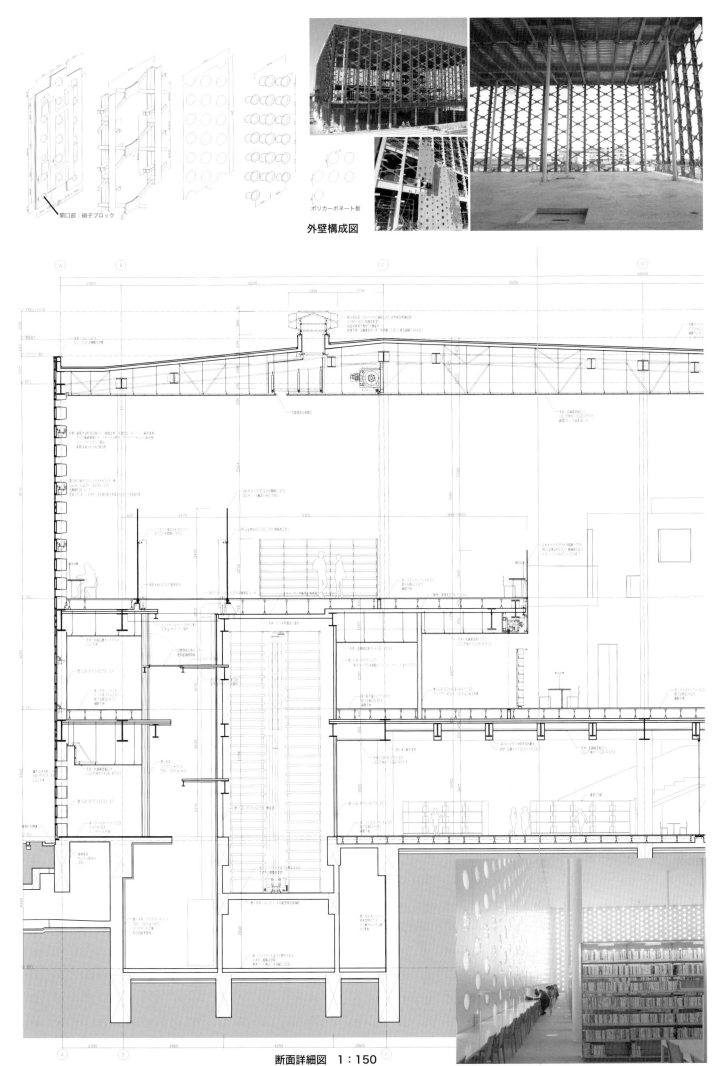

開口部：硝子ブロック

ポリカーボネート板

外壁構成図

断面詳細図　1：150

■極細柱と平面（版）でつくる

古河総合公園飲食施設

□概要

広大な公園の中に建つ建物である。設計に対して室内のカフェと、それと同面積の屋外スペースを用意することが求められた。

□空間のかた

- 自然の中の「オブジェ」としてあるのではなく、自然の一部となるような「場所」をつくる。
- 約100本の柱（直径60.5mm）をランダムに置き、柱はキーストーンプレートに鉄板を張った薄い（25mm）屋根を支える。
- 藤棚の下のようなあるいは林の中のようなスペースを創出。
- 水平力（地震力）は4枚の壁（約60mm）で受け持つ。
- 壁やテーブルトップなどは、鏡面効果のある材料で製作。周りの緑や青い空を建物内に取り込み楽しめるように計画。

配置図 1:4,000

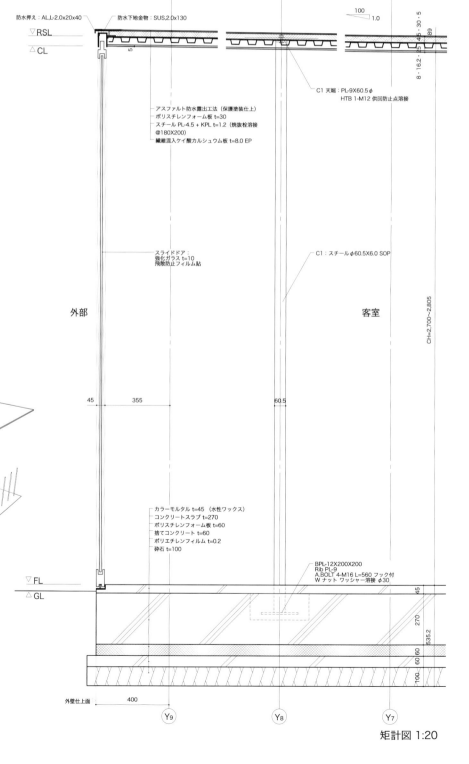

防水押え：AL.L-2.0x20x40
防水下地金物：SUS.2.0x130

▽RSL
△CL

C1 天端：PL-9X60.5φ
HTB 1-M12 供回防止点溶接

アスファルト防水露出工法（保護塗装仕上）
ポリスチレンフォーム板 t=30
スチール PL-4.5 + KPL t=1.2（焼抜栓溶接@180X200）
繊維混入ケイ酸カルシュウム板 t=8.0 EP

スライドドア：
強化ガラス t=10
飛散防止フィルム貼

C1：スチールφ60.5X6.0 SOP

外部

客室

CH=2,700～2,805

45　355

60.5

カラーモルタル t=45　（水性ワックス）
コンクリートスラブ t=270
ポリスチレンフォーム板 t=60
捨てコンクリート t=60
ポリエチレンフィルム t=0.2
砕石 t=100

BPL-12X200X200
Rib PL-9
A.BOLT 4-M16 L=560 フック付
W ナット ワッシャー溶接 φ30

▽FL
△GL

外壁仕上面

400

Y9　　Y8　　Y7

矩計図 1:20

104

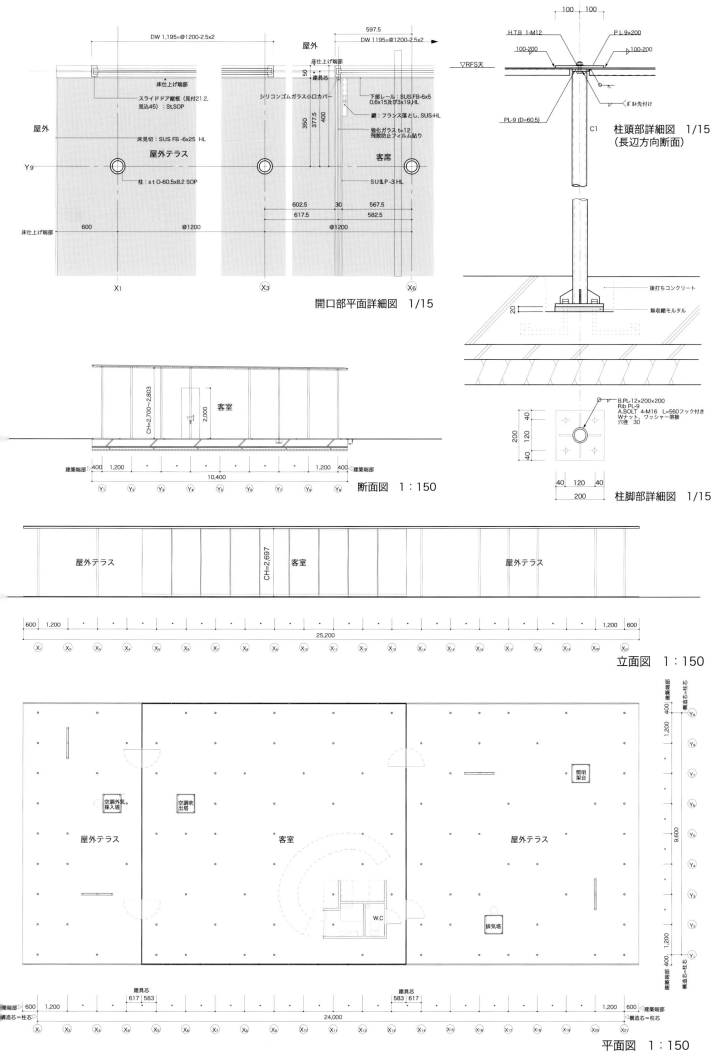

開口部平面詳細図　1/15

DW 1,195=@1200-2.5x2

屋外

DW 1195=@1200-2.5x2

床仕上げ端部

50

建具芯

床仕上げ端部

スライドドア縦框（見付21.2,見込45）：St.SOP

シリコンゴムガラス小口カバー

下部レール：SUS.FB-6x5 0.6x15及び3x19,HL

床見切：SUS FB -6x25 HL

屋外テラス

客席

350

377.5

400

鍵：フランス落とし, SUS-HL

強化ガラス t=12 飛散防止フィルム貼り

屋外

Y9

柱：st O-60.5x8.2 SOP

SUS.P-3 HL

602.5　30　567.5

617.5　582.5

床仕上げ端部

600　　@1200　　@1200

X1　　X3　　X6

柱頭部詳細図　1/15（長辺方向断面）

100　100

H.T.B 1-M12　　PL 9x200

100-200　　　100-200

▽RFS天

ボルト先付け

PL-9 (D=60.5)

C1

後打ちコンクリート

無収縮モルタル

20

B.PL-12×200×200
Rib PL-9
A.BOLT 4-M16 L=560フック付き
Wナット, ワッシャー溶接
穴径　30

200　40　120　40

40　120　40

200

柱脚部詳細図　1/15

断面図　1:150

CH=2,700～2,803

2,000

客室

建築端部　400　1,200　*　*　*　*　*　*　1,200　400　建築端部

10,400

Y1 Y2 Y3 Y4 Y5 Y6 Y7 Y8 Y9

立面図　1:150

屋外テラス　　客室　　屋外テラス

CH=2,697

600　1,200　*　　　　　　　　　　　　　　　1,200　600

25,200

X1 X2 X3 X4 X5 X6 X7 X8 X9 X10 X11 X12 X13 X14 X15 X16 X17 X18 X19 X20 X21

平面図　1:150

屋外テラス

空調外気採入塔

空調吹出塔

客室

照明架台

W.C

排気塔

屋外テラス

建築端部　構造芯=柱芯

400　1,200　Y9

1,200

9,600

1,200

400

建具芯　617　583

建具芯　583　617

建築端部　600　1,200　*　　　　　　　　　　　　　　1,200　600　建築端部

構造芯=柱芯　　24,000　　構造芯=柱芯

X1 X2 X3 X4 X5 X6 X7 X8 X9 X10 X11 X12 X13 X14 X15 X16 X17 X18 X19 X20 X21

■紙筒と平面（版）でつくる

紙の家

□概要

再生紙の筒「紙筒」を主体構造とした建築である。構造実験などを経て1993年2月に建設大臣の建築基準法第38条評定を取得して建設されている。

□空間のかた

- 10m×10mの床の上に110本の紙筒（長さ2,700mm、直径280mm、厚さ15mm）をSの字状に並べ、正方形と円弧の内外にさまざまな空間を構成。
- 大きな円形で囲まれる空間はメインスペースとなり、大きな円形の外側とサッシュの間には回廊ができる。小さな円で囲まれる空間は風呂場と坪庭である。

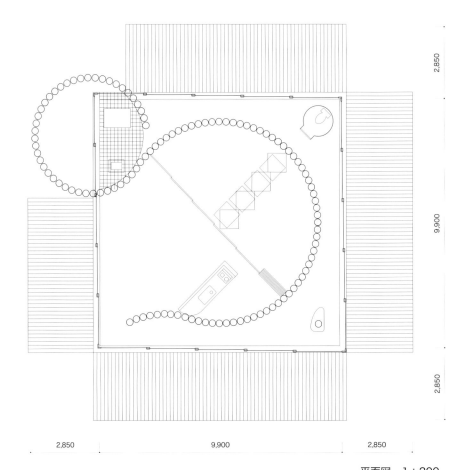

平面図　1：200

配置図 1:4,000

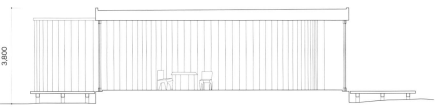

断面図　1：200

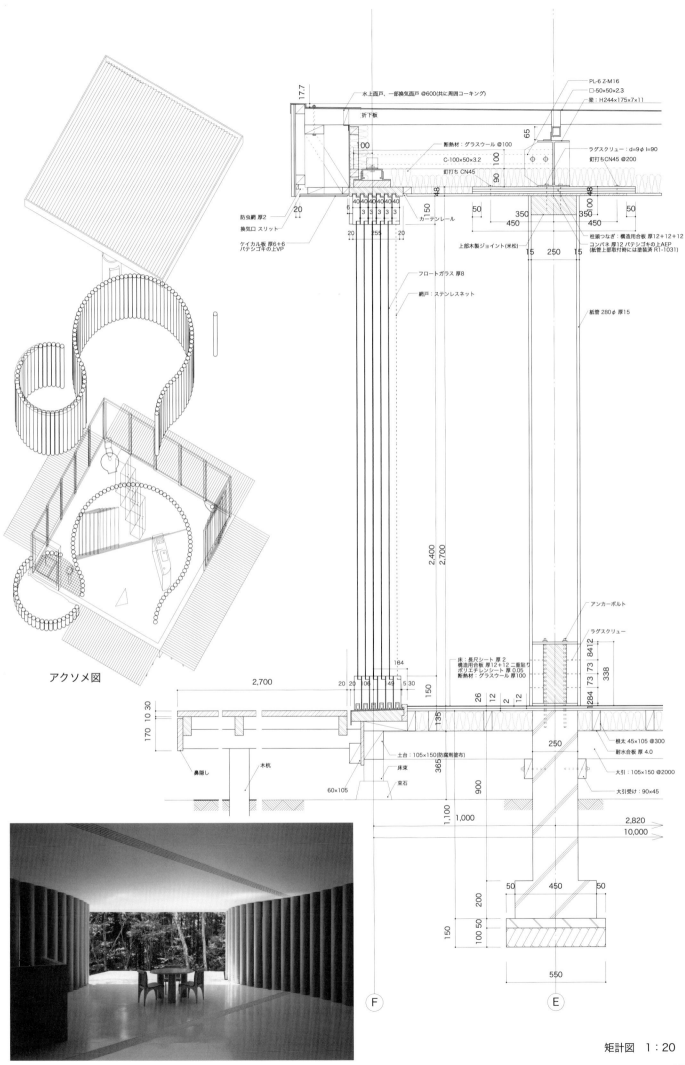

アクソメ図

水上面戸、一部換気面戸 @600(共に周囲コーキング)

折下板

PL-6 Z-M16
□-50×50×2.3
梁：H244×175×7×11

断熱材：グラスウール @100

ラグスクリュー：d=9φ l=90
釘打ち CN45 @200

C-100×50×3.2
釘打ち CN45

防虫網 厚2
換気口 スリット

柱頭つなぎ：構造用合板 厚12+12+12
コンパネ 厚12 パテシゴキの上AEP
(紙管上部取付時には塗装済 R1-1031)

ケイカル板 厚6+6
パテシゴキの上VP

上部木製ジョイント(米松)

フロートガラス 厚8

網戸：ステンレスネット

紙管 280φ 厚15

アンカーボルト

ラグスクリュー

床：長尺シート 厚2
構造用合板 厚12+12 二重貼り
ポリエチレンシート 厚0.05
断熱材：グラスウール 厚100

根太 45×105 @300

耐水合板 厚4.0

土台：105×150(防腐剤塗布)

大引：105×150 @2000

鼻隠し

木杭

床束

60×105

束石

大引受け：90×45

矩計図 1：20

107

■コアと方立てで囲う

葛西臨海公園展望広場レストハウス

□**概要**

臨海公園に建つ休憩・展望施設である。本施設を設計するにあたっては、公園を訪れる人のための休憩・展望機能、公園の再開発事業の締めくくりを象徴する記念性、そして隣接する水族園との建築的調和が求められた。

□**空間のかた**

- 建築は、幅7m、長さ75m、高さ11mのガラスの直方体による上部構造と、下部の鉄筋コンクリート造の二つの構成からなる。
- 外観はこのガラスの直方体と隣接する水族園のガラスのドームが一対となって公園全体における庭石のように計画。
- 展望施設の動線は緩やかなスロープと階段による移動区間の連続とする。公園の園路をそのまま延長させ、立体園路として空を散歩するような空間を計画。
- 構造はサッシュ自体を籠状の構造体として屋根荷重をもたせ、横力は水平ブレースによってコア部分に伝えるという方法で無柱空間を計画。

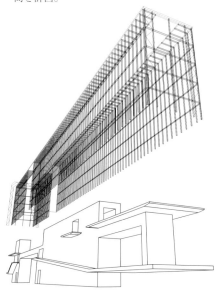

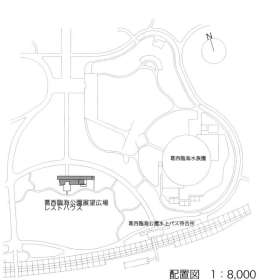

配置図　1：8,000

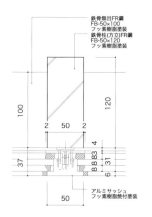

サッシュ平面詳細図　1：5

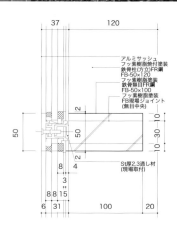

サッシュ断面詳細図　1：5

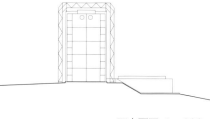

西立面図　1：600

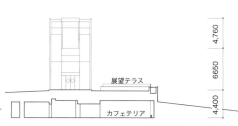

断面図　1：600

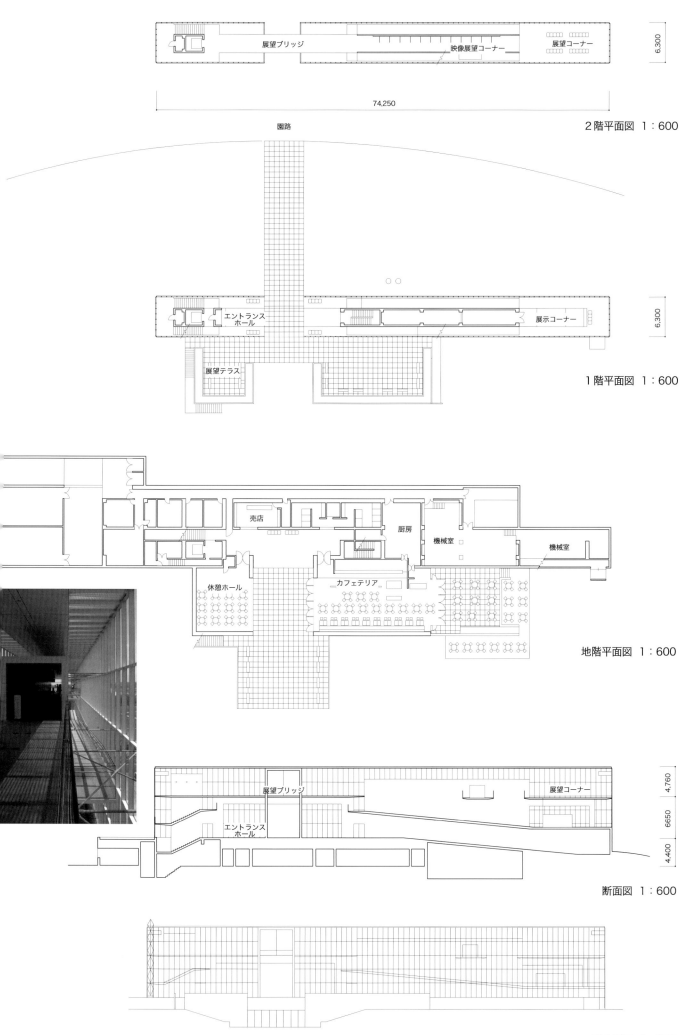

展望ブリッジ　　　　　　　　　映像展望コーナー　　展望コーナー

6,300

74,250

2階平面図　1：600

園路

エントランス
ホール　　　　　　　　　　　　　　　展示コーナー

6,300

展望テラス

1階平面図　1：600

売店　　　　　　　　　　厨房　　機械室　　　機械室

休憩ホール　　　カフェテリア

地階平面図　1：600

展望ブリッジ　　　　　　　　　　　展望コーナー

4,760

エントランス
ホール

6650

4,400

断面図　1：600

南立面図　1：600

■壁コアと細柱で囲う

Dクリニック

□概要

医院と住宅の複合ビルである。敷地は土地区画整理によりできた更地で、三方道路に面した角地である。規模は5階建てで、1〜3階までをクリニック、4、5階を建て主の住居として使う。建て主の要望は、日中に光がよく入ること、収納をたくさんつくること、防犯上安全な建物にすることであった。

□空間のかた

- スラブの上にボックスが散りばめられて生活の場所がつくられているような建築を提案。
- ボックスは家具であり、クリニックでの仕事や住居での生活の使い勝手に応じてプランニング。
- 中心のコアが水平力（地震力）を負担し、コア外周部のスラブの鉛直荷重はH形鋼柱によって地中に伝える。
- コアは、クリニック部分では手術室やX線室、住居部分では収納スペースになっている。
- 1階は防犯上の理由からグレーチングによるフェンスを張り巡らしている。1階の壁や窓ガラスには、クリニックの方々がモデルとなった写真を貼って閉鎖的にならないようにする。

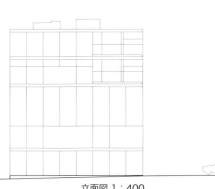

立面図 1：400

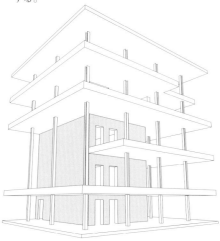

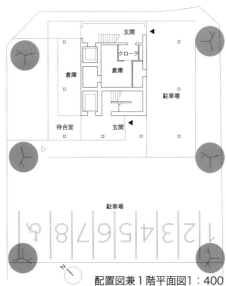

配置図兼1階平面図1：400

4階平面図 1：400

5階平面図 1：400

2階平面図 1：400

3階平面図 1：400

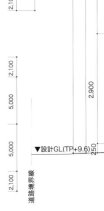

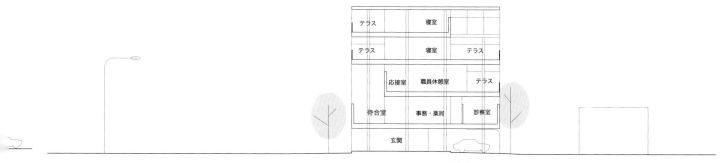

テラス｜寝室

テラス｜寝室｜テラス

応接室｜職員休憩室｜テラス

待合室｜事務・薬局｜診察室

玄関

断面図 1：400

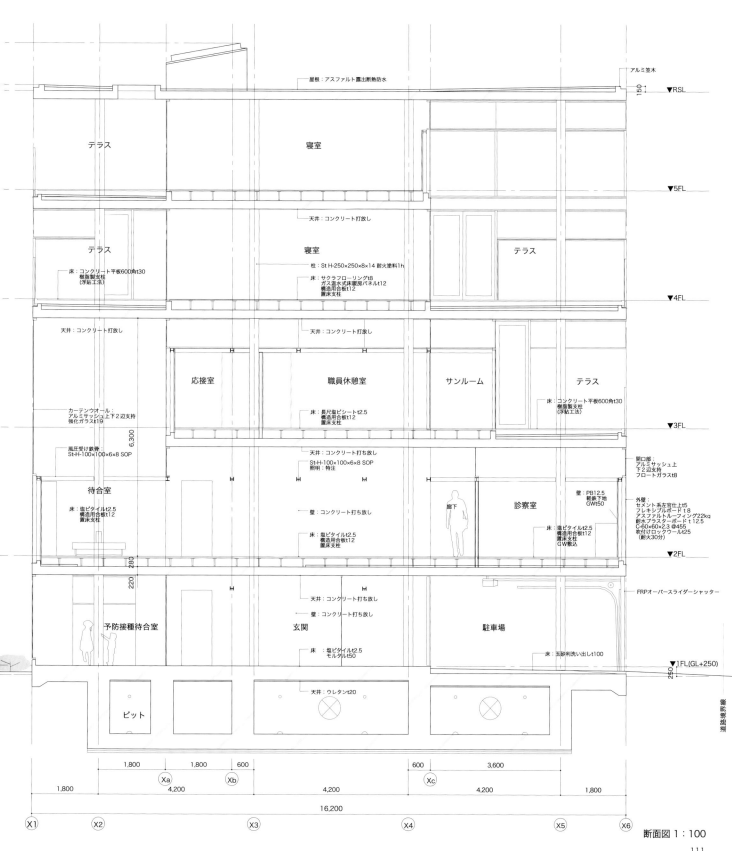

アルミ笠木

屋根：アスファルト露出断熱防水

150 ▽RSL

テラス　　　　　寝室

▽5FL

天井：コンクリート打放し

テラス　　　　寝室　　　　　テラス

▽4FL

床：コンクリート平板600角t30
樹脂製支柱
（浮貼工法）

柱：St H-250×250×8×14 耐火塗料1h
床：サクラフローリングt8
ガス温水式床暖房パネルt12
構造用合板t12
置床支柱

天井：コンクリート打放し　　　　　　天井：コンクリート打放し

応接室　　　　　職員休憩室　　　サンルーム　　　テラス

カーテンウォール：
アルミサッシュ上下2辺支持
強化ガラスt19

風圧受付鉄骨
St-H-100×100×6×8 SOP

6,300

床：長尺塩ビシートt2.5
構造用合板t12
置床支柱

床：コンクリート平板600角t30
樹脂製支柱
（浮貼工法）

▽3FL

開口部：
アルミサッシュ上
下2辺支持
フロートガラスt8

天井：コンクリート打ち放し
St-H-100×100×6×8 SOP
照明：特注

壁：PB12.5
軽鉄下地
GWt50

待合室　　　　　　　　　　　　　　　　廊下　　　　診察室

床：塩ビタイルt2.5
構造用合板t12
置床支柱

壁：コンクリート打ち放し

床：塩ビタイルt2.5
構造用合板t12
置床支柱
GW敷込

床：塩ビタイルt2.5
構造用合板t12
置床支柱

外壁：
セメント系左官仕上t5
フレキシブルボード t8
アスファルトルーフィング22kg
耐水プラスターボード t12.5
C-60×60×2.3 @455
吹付けロックウールt25
（耐火30分）

280
220

▽2FL

天井：コンクリート打ち放し

予防接種待合室　　　玄関　　　　　　　　駐車場

壁：コンクリート打ち放し

床：塩ビタイルt2.5
モルタルt50

FRPオーバースライダーシャッター

床：玉砂利洗い出しt100

▽1FL(GL+250)

250

天井：ウレタンt20

ピット

道路境界線

1,800｜1,800｜600
Xa　　Xb

600｜3,600
Xc

1,800　　　4,200　　　　　　4,200　　　　　　4,200　　　1,800

16,200

X1　　X2　　　　　　X3　　　　　　X4　　　　　　X5　　　X6

断面図 1：100

111

■耐火構造木材で支え
外周斜材を木で現す

下馬の集合住宅

□概要
準防火地域に建つ木造5階建ての集合住宅である。1階をRC造、2階から5階までを木造としている。耐火実験を重ね、柱・床・屋根の耐火構造の大臣認定を取得し、2013年に竣工した。

□空間のかた
- 狭小・不整形な敷地において、内部空間に広がりをもたせるために、各住戸へのアプローチである屋外階段を外周にぐるりと掘り込んでいる。その結果、屋外階段は道の続きのようになり、都市に開かれたコモンスペースとしての役割も果たしている。それと呼応し、各住戸には変化に富んだ内部空間が生まれた。
- 2階から5階はフラットスラブ構造を採用。集成材の柱が240mm厚さのマッシブホルツスラブを直接支え、外周には水平力を負担する木の斜材が配置されている。柱・床・屋根は耐火被覆し、耐震要素である斜材は木材の現しとすることを実現した。
- 無数の斜材が住空間を包み込み、ガラス越しに街に現れる。鉄やコンクリートなどで構成されてきた市街地の街並に、木の表情は、豊かな彩りを与えている。

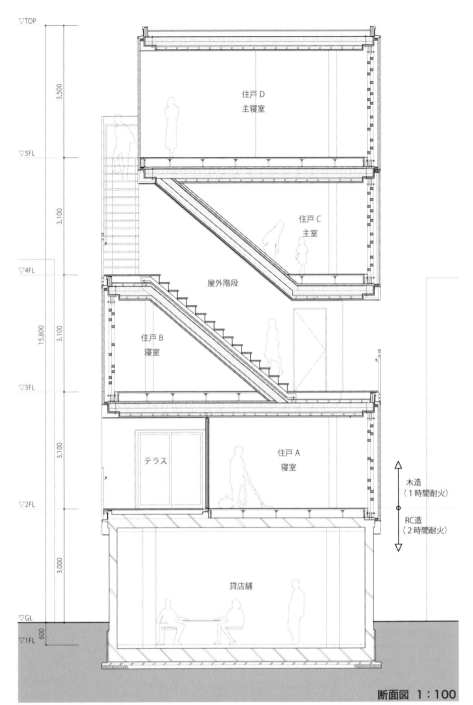

断面図 1：100

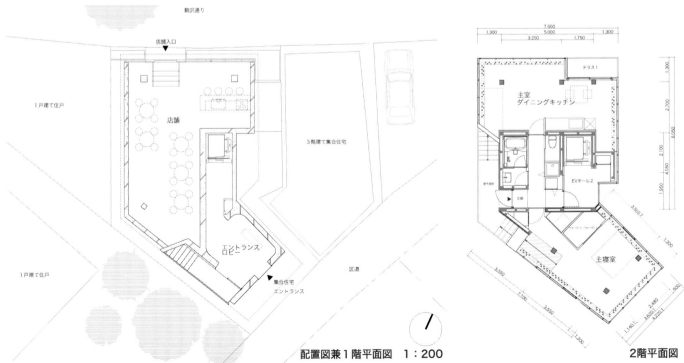

配置図兼1階平面図 1：200　　　2階平面図

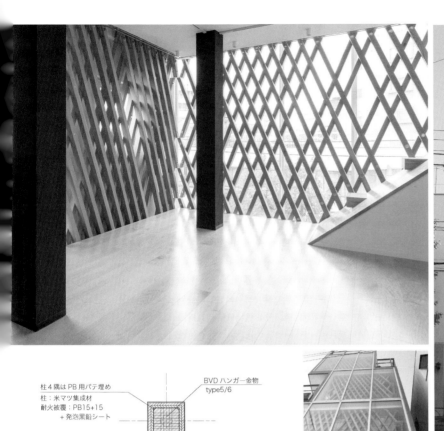

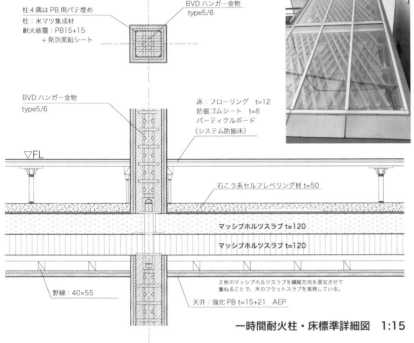

柱4隅はPB用パテ埋め
柱：米マツ集成材
耐火被覆：PB15+15
　　　　＋発泡黒鉛シート

BVDハンガー金物
type5/6

BVDハンガー金物
type5/6

▽FL

床：フローリング　t=12
防振ゴムシート　t=8
パーティクルボード
（システム防振床）

石こう系セルフレベリング材 t=50

マッシブホルツスラブ t=120

マッシブホルツスラブ t=120

野縁：40×55

2枚のマッシブホルツスラブを繊維方向を直交させて
重ねることで、木のフラットスラブを実現している。

天井：強化PB t=15+21　AEP

一時間耐火柱・床標準詳細図　1:15

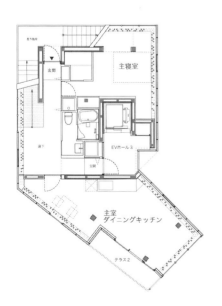

3階平面図

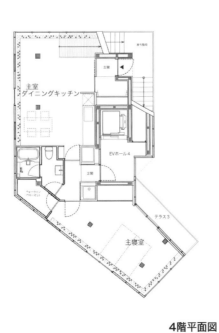

4階平面図

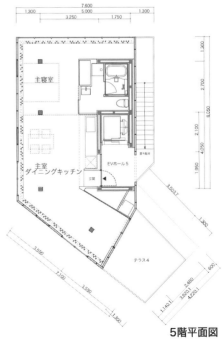

5階平面図

■ ずれた床に住まう

AMIDA HOUSE

□概要

断面でみると床があみだくじのように上下し、さまざまな高さの生活が混じり合う空間をもつ住宅。

□空間のかた

- 敷地は静岡県御殿場市の住宅地にあり、高さ6.5mの西側隣家の向こう側には、富士山を望むことができる。設計を行うにあたり、この富士山を望めるリビングの位置を地上6mに設定し、高さ9.5mのヴォリュームの中に14の床を散りばめた。

- 床と平行に開けられた水平な開口部は遠くの富士山や近くの街や空を切り取っている。人が食事をしたり寛いだりする場、ものを飾るだけの場、遠くや近くの景色など、さまざまな場所が折り重なり一つの風景をつくり出している。

- 床の重なりだけで空間をつくるため、耐力壁は建物外周部にまとめ、床を支えるポスト柱は44mm角のスチール無垢材を1,820mmピッチで配置し、スラブが厚くなるのを抑えている。

- ポスト柱がサッシュ枠や手すりなどと印象が強くなるように、手すりはやや太めの25mm角とし、連窓のサッシュ枠はスチール柱の裏側に納めている。

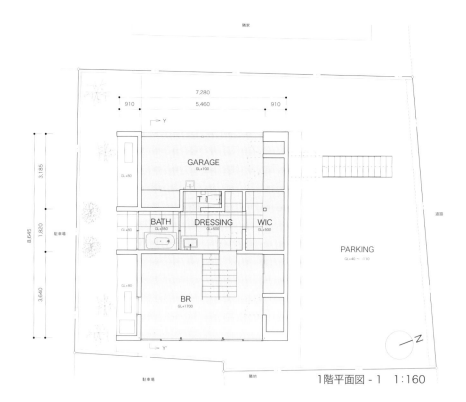

1階平面図 - 1　1:160

VIEW to Mt. FUJI ◀

▽+6.6m

配置図　1:2,000

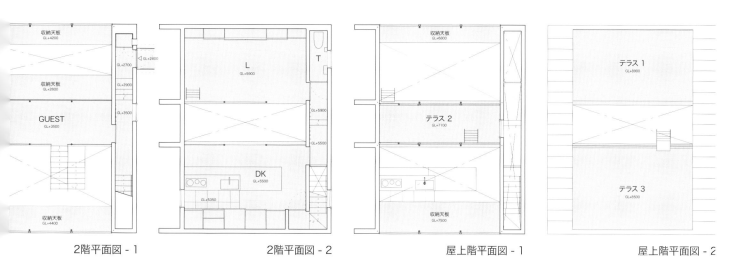

2階平面図 - 1　　　　2階平面図 - 2　　　　屋上階平面図 - 1　　　　屋上階平面図 - 2

2階平面図 - 1
収納天板 GL+4200
収納天板 GL+2800
GUEST GL+3500
収納天板 GL+4400
GL+2600
GL+2700
GL+2900
GL+3500

2階平面図 - 2
L GL+5900
T
DK GL+5500
GL+5900
GL+5500
GL+5350

屋上階平面図 - 1
収納天板 GL+6800
テラス 2 GL+7100
収納天板 GL+7500

屋上階平面図 - 2
テラス 1 GL+8900
テラス 3 GL+8500

外壁：
ガルバリウム 鋼板 t=0.4mm立ハゼ葺
ヨコ通気 胴縁 45x18mm@455mm
透湿防水シート (JIS A 6111)
耐水PB t=12.5mm
構造用合板 t=9mm
グラスウール24 K t=100mm

テラス床：
FRP防水 グレー t=2mm
構造用耐水合板 t=12mm
構造用合板 t=12mm
グラスウール24K t=100mm

笠木：
ガルバリウム 鋼板 t=0.4mm
テラス側立下り UP 白
ポリスチレン発砲シートt ＝4mm
アスファルトルーフィング t=2mm
※幅広部分は立ハゼ葺

テラス壁：
FRP防水 白 t=2mm
構造用耐水合板 t=12mm
構造用合板 t=12mm

テラス1
テラス2
テラス3

居室天井：
PB t=9.5mm 調湿塗装 白
木下地@303mm

L CH=2654
DK CH=2654

収納：
ポリランバー t=21mm
ポリテープ貼

居室床：
ラワン 合板 t=12mm
ステインの上、UC 2回塗
構造用合板 t=24mm

客間 CH=3200

室内手摺：
St.25x25x1.6mm OP 白
ワイヤー3φ@250 mm
ターンバックル＋ヒートン

バーチカルブラインド

ガレージ CH=5594

寝室 CH=3384

棚階段

居室床(断熱アリ)：
ラーチ合板 t=12mm
ステイン の上、UC 2回塗
構造用合板 t=24mm
ポリスチレンフォーム t=50mm

浴室天井：
耐水PB t=9.5mm UP 白

浴室 CH=2974

浴室壁：
FRP防水 白
耐水合板 t=12mm 二重張

浴室床：
磁気タイル 500角 t=10〜15mm
モルタル t=35mm
FRP防水 t=3mm
シンダーコンクリート

鋼製シャッター

押入

ガレージ床：
モルタル金ゴテ t=30〜50mm SC

GL+9,550 ▽TOP
GL+8,900 ▽RFL-3
GL+8,500 ▽RFL-2
GL+7,180 ▽RFL-1
GL+5,900 ▽2FL-4
GL+5,500 ▽2FL-3
GL+3,500 ▽2FL-2
GL+2,700 ▽2FL-1
GL+1,700 ▽1FL-3
GL+500 ▽1FL-2
GL+100 ▽1FL-1
△GL

RF-2
RF-1
2F-2
2F-1
1F-1

910　910　455　910　910　910　910　910　910　910　910
3,185　　　1,820　　　3,640
8,645

断面図　1:70
115

略号の凡例

略号表記は設計事務所によって決められている。
したがって本教材で書かれている略号は、オリジナル図面に即して示している。
下記にその一覧を表す。

□材料の厚み表記

厚み19.5mmの材料を示す場合
- t = 19.5mm
- 厚み19.5mm
- ⑦19.5mm

□直径の表記

直径200mmを示す場合
- 200φ
- φ200

□合板の表記
- ベニヤ
- 合板
- コンパネ

□図面略号の表記
- CL、℄　中心線、Center Line
- GL　　　地盤線、Ground Line
- SGL　　設計GL
- FL　　　床面線、Floor Line
- SL　　　スラブ面線、Slab Line
- RFL　　屋根面線、Roof Floor Line
- CH　　　天井高さ、Ceiling Height

□鉄骨材料の略号凡例

St　　　　　スチール、鉄鋼材
AL　　　　　アルミニウム
H　　　　　 H形鋼
BH　　　　　ビルトH形鋼（既成品ではなく製作によるH形鋼）
L　　　　　 L形鋼、アングル
C　　　　　 C形鋼、チャンネル
CT　　　　　カットT形鋼、（H形鋼を半分に切断しT形に加工したもの）
PL、⅊　　 プレート鋼、平鋼
FB　　　　　平鋼、フラットバー
○　　　　　 丸鋼、丸形鋼管（丸パイプ）
□　　　　　 角鋼、角形鋼管（角パイプ）
SUS　　　　ステンレス鋼、Steel Use Stainless
LGS　　　　軽量鉄骨、Light gauge steel

□材料の略号凡例

PB、P.B.　　プラスターボード、石膏ボード
CB　　　　　コンクリートブロック

□塗装の略号凡例

OP、O.P　　油性調合ペイント
S.O.P　　　合成樹脂調合ペイント
VP、V.P　　塩化ビニルエナメル
VE　　　　　塩化ビニル樹脂エナメル
AE　　　　　アクリルエナメル
AEP　　　　アクリル系エマルジョンペイント
EP　　　　　合成樹脂エマルジョン
VE　　　　　塩化ビニルエナメル
W.P.O.S　　防腐剤入りオイルステイン
OS　　　　　オイルステイン
CL　　　　　クリヤラッカー
OSCL　　　オイルステインクリアラッカー

□寸法の記入方法

（a）が手書き図面で寸法記入する方法である。bは20と50の引出し線を付けて表記している。この表記方法はCAD図面で多く使用される。本教材では線が重なって文字が描きにくい場合は基本的に（b）表記で表している。

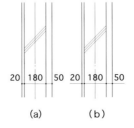

20 | 180 | 50　20 | 180 | 50

(a)　　　　（b）

□階段の平面図表記

階段表記には、up/downを表記しそれぞれの方向へ矢印表記する方法があるが、本教材では、階段の平面図表記は昇る方向にのみ矢印を入れる表記方法で統一している。

事例の作品データ

＜Ⅰ 面＞

多磨霊園納骨堂（多磨霊園みたま堂）
所在地：東京都府中市
設計：内井昭蔵建築設計事務所
敷地面積：1,279,484.76m²
建築面積：3,803.89m²
延床面積：3,145.00m²
階数：地下1階、地上1階
構造：RC造（階段棟）、プレストレスコンクリート造（霊堂）
工期：1991.9 〜 1993.3

えんぱーく（塩尻市市民センター）
所在地：長野県塩尻市
設計：柳澤潤／コンテンポラリーズ
敷地面積：4,937.45m²
建築面積：3,388.71m²
延床面積：11,901.64m²
階数：地上5階、地下1階
構造：鋼板鉄筋コンクリート造（1〜3階）、
　　　S造（4〜5階）、RC造（地下階）
工期：2008.11 〜 2010.8

ナチュラル・スラット
所在地：東京都武蔵野市
設計：EDH遠藤設計室＋MIAS
敷地面積：115.50m²
建築面積：45.72m²
延床面積：91.44m²
階数：地上2階
構造：S造
工期：2001.6 〜 2002.3

XXXX-house
所在地：静岡県焼津市
設計：原田真宏・麻魚／
　　　MOUNT FUJI ARCHITECTS STUDIO
建築面積：22.32m²
延床面積：16.74m²
階数：地上1階
構造：木造パネルトラス構造
工期：2003.3 〜 2003.9

積層の家
所在地：神戸市中央区
設計：大谷弘明
敷地面積：33.96m²
建築面積：26.51m²
延床面積：76.35m²
階数：地上3階
構造：プレキャスト・プレストレストコンクリート
　　　圧着構造
工期：1992.2 〜 1993.3

セル・ブリック
所在地：東京都杉並区
設計：山下保博／アトリエ・天工人
敷地面積：86.60m²
建築面積：32.93m²
延床面積：85.05m²
固定座席数：1,932席
階数：地下1階、地上2階
構造：S造（ラーメン構造）
工期：2003.10 〜 2004.3

東急池上線戸越銀座駅
所在地：東京都品川区
設計：建築・設備／東急電鉄、アトリエユニゾン、
　　　構造（ホーム屋根）／ホルツストラ、樅建築事
　　　務所
敷地面積：1,456.71m²
建築面積：561.90m²
延床面積：561.90m²
階数：2F（五反田方面駅舎）、1F（蒲田方面駅舎）
構造：木造、一部S造
工期：2015.9 〜 2016.12

＜Ⅱ 骨＞

P&G日本本社／テクニカルセンター
所在地：神戸市東灘区
設計：竹中工務店
敷地面積：10,918.63m²
建築面積：2,495.79m²
延床面積：41,160.72m²
階数：地下1階、地上31階、塔屋2階
構造：S造（地上）、SRC造（地下）
工期：1990.10 〜 1993.2

エニックス本社ビル
所在地：東京都渋谷区
設計：日建設計
敷地面積：720.29m²
建築面積：522.97m²
延床面積：5,376.79m²
階数：地下1階、地上11階、塔屋1階
構造：SRC造、一部S造
工期：1995.2 〜 1996.7

キーエンス本社・研究所ビル
所在地：大阪市東淀川区
設計：日建設計
建築面積：1,721.70m²
延床面積：21,633.89m²
階数：地上21階、地下1階
構造：RC造、S造
竣工年月1994.7

南岳山光明寺
所在地：愛媛県西条市
設計：安藤忠雄建築研究所
敷地面積：3,221.82m²
建築面積：1,224.08m²
延床面積：1,284.09m²
階数：地上2階
構造：木造、一部RC造
工期：1999.4 〜 2000.6

辰巳アパートメントハウス
所在地：東京都江東区
設計：伊藤博之建築設計事務所
敷地面積：59.49m²
建築面積：47.97m²
延床面積：388.28m²
階数：地上10階
構造：RC造、一部S造
工期：2014.12 〜 2016.3

ヨコハマアパートメント
所在地：神奈川県横浜市
設計：西田司＋中川エリカ／オンデザイン
敷地面積：140.61m²
建築面積：83.44m²
延床面積：152.05m²
階数：地上2階
構造：木造
工期：2009.3 〜 2009.8

＜Ⅲ 線＞

飯田市小笠原資料館
所在地：長野県飯田市
設計：SANAA
敷地面積：4,487.42m²
建築面積：435.00m²
延床面積：457.90m²
階数：地上2階
構造：S造、一部ＲＣ造
工期：1998.4 〜 1999.3

アルミ海の家Ⅱ　ラ・プラージュ
所在地：神奈川県葉山町
設計：畔柳昭雄＋日本大学理工学部畔柳研究室
建築面積：75.00m²
延床面積：125.00m²
階数：地上2階
構造：アルミニウム造、張弦梁、張弦柱

ワキタハイテクス
所在地：現存せず
設計：葉デザイン事務所
敷地面積：816.32m²
建築面積：372.0m²
延床面積：357.98m²
階数：地上2階
構造：S造
工期：1989.7 〜 1990.4

横浜市少年自然の家　赤城林間学園　森の家
所在地：群馬県利根郡
設計：横浜市建築局建築部／内井昭蔵建築設計事務
　　　所
敷地面積：3.58ha
建築面積：1,650.6m²
延床面積：1,461.70m²
階数：地上1階
構造：RC造、一部木造（構造用集成材）
工期：1987.10 〜 1988.5

新豊洲Brilliaランニングスタジアム
所在地：東京都江東区
設計：武松幸治＋E.P.A環境変換装置建築研究所
敷地面積：4,845.69m²
建築面積：1,746.32m²
延床面積：1,713.77m²
階数：地上1階
構造：RC造、一部S造、木造
工期：2016.6 〜 2016.11

＜Ⅳ 面、骨、線＞

せんだいメディアテーク
所在地：宮城県仙台市
設計：伊東豊雄建築設計事務所
敷地面積：3,948.72m²
建築面積：2,933.12m²
延床面積：21,682.15m²
階数：地下2階、地上8階
構造：S造
工期：1997.12 〜 2000.8

金沢海みらい図書館
所在地：石川県金沢市
設計：堀場弘＋工藤和美／シーラカンスK&H
敷地面積：11,763.43m²
建築面積：2,311.91m²
延床面積：5,641.90m²
階数：地下1階、地上3階
構造：S造、一部RC造
工期：2009.9 〜 2011.3

古河総合公園飲食施設
所在地：茨城県古河市
設計：SANAA
敷地面積：203.77m²
建築面積：262.08m²
延床面積：262.08m²
階数：地上1階
構造：S造
工期：1997.10 〜 1998.3

紙の家
所在地：山梨県南都留郡山中湖村
設計：坂茂建築設計
敷地面積：499.11m²
建築面積：100.00m²
延床面積：100.00m²
階数：地上1階
構造：紙筒構造　建築基準法38条評定
工期：1994.10 〜 1995.7

葛西臨海公園展望広場レストハウス
所在地：東京都江戸川区
設計：谷口建築設計研究所
敷地面積：769,947.74m²
建築面積：1,429.84m²
延床面積：2,181.39m²
階数：地下1階、地上2階
構造：S造、RC造
工期：1994.1 〜 1995.3

Dクリニック
所在地：埼玉県
設計：山本理顕設計工場
敷地面積：619.3m²
建築面積：227.2m²
延床面積：999.117m²
階数：地上5階
構造：RC造
工期：2002.2 〜 2002.12

下馬の集合住宅
所在地：東京都世田谷区
設計：小杉栄次郎・内海彩／KUS、桜設計集団、
　　　東京大学生産技術研究所・腰原研究室
敷地面積：122.88m²
建築面積：92.83m²
延床面積：372.15m²
階数：地上5階
構造：木造、一部RC造
工期：2012.4 〜 2013.9

AMIDA HOUSE
所在地：静岡県御殿場市
設計：河内一泰／河内建築設計事務所
敷地面積：187.35m²
建築面積：62.94m²
延床面積：115.51m²
階数：地上2階
構造：木造
工期：2010.10 〜 2011.3

ダイヤグラムの作品リスト

建物名称	設計者	所在地	構造

I　面

建物名称	設計者	所在地	構造
正倉院の校倉	不明	奈良	木造
スイスの木倉	不明	スイス	木造
生闘学舎	高須賀晋＋宮下英雄	東京	木造
原村Y山荘	入之内瑛＋都市梱包工房	長野	木造
アルベロベッロ	不明	イタリア	石造
スイスの民家	不明	スイス	石造
日干しレンガの家	不明	ホンジュラス	レンガ造
豊口邸	山下和正建築研究室	神奈川	CB造
スターデオの住宅	マリオ・ボッタ	スイス	CB造
TIME'S	安藤忠雄建築研究所	京都	CB造
霊島新町家ネイキッドスクエア	ヘキサ	大阪	CB造
静岡放送ビル	丹下健三・都市・建築設計研究所	東京	S＋RC造
ハビタ'67	モシェ・サフディ	カナダ	PC造
田園住宅計画案	ミース・ファン・デル・ローエ		レンガ造
客家	不明	中国	土造
シリアの住宅	不明		土造
シュレーダー邸	ゲーリット・トーマス・リートフェルト	オランダ	木造
ベイリサック邸	ル・コルビュジエ	北アフリカ	レンガ造
桜台コートビレッジ	内井昭蔵建築設計事務所	東京	RC造
ビラ・ノーバ	坂倉建築研究所	東京	RC造
ドムス香里	石井修／美建・設計工房	大阪	RC造
静岡の家	坂本昭，設計工房CASA	静岡	RC造
ユネスコ本社ビル会議場	マルセル・ブロイヤー	フランス	RC造
群馬音楽センター	アントニン・レーモンド	群馬	RC造
大学セミナー・ハウス	吉阪隆正＋U研究室	東京	RC造
海のギャラリー	林雅子／林・山田・中原設計同人	高知	RC造
パンテオン	ハドリアヌス	イタリア	石造
スイス博覧会セメント館	ロベール・マイヤール	スイス	RC・シェル
ロスマナンティアス・レストラン	フェリックス・キャンデラー	メキシコ	RC・シェル
TWA空港ターミナル	エーロ・サーリネン	アメリカ	RC・シェル
東京カテドラル型マリア大聖堂	丹下健三・都市・建築設計研究所	東京	RC・シェル
シドニー・オペラハウス	ヨルン・ウッツォン	オーストラリア	RC・シェル
中上邸	磯崎新アトリエ	福井	RC・ドーム
石の美術館	隈研吾建築都市設計事務所	栃木	石造
積層の家	大谷弘明	兵庫	PC造
セル・ブリック	山下保博／アトリエ・天工人	東京	S＋SRC造
中銀カプセルタワービル	黒川紀章都市建築設計事務所	東京	RC造
広島女子大学附属図書館	石本建築事務所	広島	RC造
岐阜県立森林文化アカデミー	北川原温都市研究所	岐阜	木造
MIKIMOTO銀座	伊東豊雄建築設計事務所＋大成建設設計本部	東京	S造（一部RC造）
多磨霊園納骨堂（多磨霊園みたま堂）	内井昭蔵建築設計事務所	東京	RC＋PC造
ナチュラル・スラット	遠藤政樹＋池田昌弘／EDH遠藤設計室＋MIAS	東京	RC・シェル
ぐりんぐりん（アイランドシティ中央公園）	伊東豊雄建築設計事務所	福岡	RC造
XXXXX house	原田真宏・麻魚／MOUNT FUJI ARCHITECTS STUDIO	静岡	木造
えんぱーく（塩尻市市民交流センター）	柳澤潤／コンテンポラリーズ	長野	S＋RC造
東急池上線／越銀座駅	東急電鉄，アトリエユニゾン，ホルツストラ，槇建築事務所	東京	木造（一部S造）

II　骨

建物名称	設計者	所在地	構造
日本の民家・北村家	不明	神奈川（旧所在地）	木造
増沢邸	増沢建築設計事務所	神奈川	木造
広瀬鎌二邸	広瀬鎌二建築技術研究所	茨城	S造
筑波・里の家	内藤廣建築設計事務所	茨城	木造
東大阪の家	岸和郎＋K.ASSOCIATES	大阪	木造
木箱210	葛西潔建築設計事務所	東京	木造
トヨタL&F広島本社	手塚貴晴＋手塚由比	広島	S造
サヴォア邸	ル・コルビュジエ	フランス	S造
ファンズワース邸	ミース・ファン・デル・ローエ	アメリカ	S造
レイクショアドライブアパートメント	ミース・ファン・デル・ローエ	京都	SRC造
西山短期大学図書館	高口恭行＋造家研究室	京都	RC造
Kビル	公表せず	大阪	S＋RC造
辰巳アパートメントハウス	伊藤博之建築設計事務所	東京	RC（一部S造）
アクティオ神戸中央営業所	KAJIMA DESIGN	兵庫	S造
晴海高層アパート	前川國男建築設計事務所	アメリカ	SRC造
ジョン・ハンコックセンター	SOM	東京	PC＋RC造
蛇の目ビル	前川國男建築設計事務所	大分	RC造
大分県立大分図書館	磯崎新アトリエ	山梨	RC造
山梨文化会館	丹下健三・都市・建築設計研究所	イタリア	RC造
ヴェネチア・ビエンナーレ日本館	吉阪隆正＋U研究室	東京	RC造
スカイハウス	菊竹清訓建築設計事務所	東京	RC造
ポーラ五反田ビル	日建設計	東京	SRC造
Nビル	日建設計	長野	S造
軽井沢の山荘	吉村順三設計事務所	神奈川	RC＋木造
ヨコハマアパートメント	西田司＋中川エリカ／オンデザイン	長野	木造
落葉松山荘	尾関建築設計事務所	アメリカ	RC＋木造
イェール大学アート・ギャラリー	ルイス・カーン	ドイツ	RC造
国立美術館	ミース・ファン・デル・ローエ	長野	S造
大田区休養村とうぶ	伊東豊雄建築設計事務所	東京	S造
センチュリータワー	ノーマン・フォスター	東京	S＋RC＋SRC造
日本電気本社ビル	日建設計	兵庫	S造（一部RC＋SRC造）
P&G日本本社／テクニカルセンター	竹中工務店	大阪	S＋RC造
大阪東京海上ビルディング	KAJIMA DESIGN	東京	S造（一部SRC・RC造）
東京都第一本庁舎	丹下健三・都市・建築設計研究所	東京	S造（一部SRC造）
フジテレビ本社ビル	丹下健三・都市・建築設計研究所	東京	S＋SRC＋PC壁造
新宿三井ビル	三井不動産，日本設計	富山	S＋RC＋SRC造
JETタワー	業デザイン事務所＋富山県建築設計監理協同	大阪	SRC造
キーエンス社・研究所ビル	日建設計	東京	S＋SRC造
エニックス本社ビル	日建設計	山梨	S＋RC造
NSW山梨ITセンター	山梨ITセンター設計共同企業体＋白江建築研究所	東京	S造
清水建設技研本館	清水建設一級建築士事務所	愛媛	木造（一部RC造）
南岳山光明寺	安藤忠雄建築研究所		

III　線

建物名称	設計者	所在地	構造
赤川鉄橋	不明	大阪	S造
伊豆三津シーパラダイス	清家清研究室＋デザインシステム	静岡	S造（一部RC造）
花と緑の万博 国際陳列館	磯崎新アトリエ	大阪	S造（一部RC造）
セインズ・ベリー美術館	ノーマン・フォスター	アメリカ	RC造（一部S造）
早稲田大学所沢スポーツホール	池原義朗建築設計事務所	埼玉	木造
合掌づくり	不明	岐阜	木造
スペースフレーム	コンラッド・ワックスマン		
豊田市鞍ヶ池植物園	青島設計	愛知	アルミ立体トラス（一部RC造）
大阪万博お祭り広場	丹下健三・都市・建築設計研究所	大阪	鋼管立体トラス（一部RC造）
リトルワールド本館	日建設計	愛知	鋼管立体トラス（一部RC造）
ワールド記念ホール	昭和設計	兵庫	S＋RC造
慶応義塾幼稚舎新体育館	谷口建築設計研究所	東京	RC造
山梨学院ドジャー記念水泳場	清水建設（株）一級建築士事務所	山梨	S＋RC＋木造
テント	不明	モロッコ	木造
ゴールデン・ゲートブリッジ	ジョセフ・シュトラウス	アメリカ	S造
船橋市中央卸売市場	日建設計	千葉	S造
星野遺跡地層たんけん館	建築研究所アーキヴィジョン	栃木	RC造（一部S造）
シアトルの事務所	ケヴィン・ローチ	アメリカ	S造（一部RC造）
国立屋内総合競技場	丹下健三・都市・建築設計研究所	東京	S＋RC造
ミネアポリス連邦準備銀行	グンナー・バーカーツ	アメリカ	S造
ローマの水道橋	不明	イタリア	石造
錦帯橋		山口	S＋RC＋木造
パリ万博機械館	フェルディナン・デュテール	フランス	S造
新発田市厚生年金体育館	飯塚五郎蔵	新潟	S＋RC＋木造
浜松市体育館	日建設計	静岡	S＋RC造
トーマス・ジェファーソン・メモリアルアーチ	エーロ・サーリネン	アメリカ	RC造
編んでつくる家	不明	西アフリカ	
東京都立夢の島総合体育館	坂倉建築研究所	東京	S＋RC造
藤沢市秋葉台文化体育館	槇総合計画事務所	神奈川	S＋RC＋SRC造
熊本北警察署	篠原一男アトリエ＋太宏設計事務所	熊本	S造
飯田市小笠原資料館	SANAA	長野	S造
ポンピドゥーセンター	リチャード・ロジャース＋レンゾ・ピアノ	フランス	S造
山梨フルーツミュージアムくだもの工場	長谷川逸子・建築計画工房	山梨	S造
東京都農業試験場江戸川分場展示室	野沢正光建築設計事務所	東京	木造立体トラス
小国町民体育館	業デザイン事務所	熊本	S＋RC造
常田市体育館	仙田満＋環境デザイン研究所	愛知	S造
堀之内町立体育館	宮脇檀建築研究室＋星野設計共同体	新潟	RC＋木造
アルミ海の家II ラ・プラージュ	畔柳昭雄＋日本大学理工学部畔柳研究室	神奈川	アルミ張弦梁＋張弦柱
ワキタハイテクス	業デザイン事務所	福岡	S造
香港上海銀行	ノーマン・フォスター	中国	S＋RC造
東京国際フォーラムガラス棟	ラファエル・ヴィニオリ建築士事務所	東京	S＋RC造
長野市オリンピック記念アリーナ	久米・翠設計社・日産・飯島・高木設計JV	長野	S＋RC造
横浜少年自然の家 赤城林間学園 森の家	横浜市建築局建築部／内井昭蔵建築設計事務所	群馬	木＋RC造
秋田スカイドーム	KAJIMA DESIGN	秋田	骨組膜構造
四季のアーケード（国際芸術センター青森）	安藤忠雄建築研究所	青森	骨組膜構造
出雲ドーム	KAJIMA DESIGN	島根	骨組膜構造
新豊洲Brillia ランニングスタジアム	武松幸治＋E.P.A環境変換装置建築研究所	東京	RC造，一部S造，木造

IV　面・骨・線

建物名称	設計者	所在地	構造
ル・ランシーのノートルダム教会堂	ル・ランシー，ロイド・ライト	フランス	RC造
ジョンソン・ワックス本社	フランク・ロイド・ライト	アメリカ	RC造
ガラスの摩天楼（案）	ミース・ファン・デル・ローエ		
リーダーズダイジェスト東京支社	アントニン・レーモンド	東京	RC造
東京海上ビルディング	前川國男建築設計事務所	東京	S＋RC造
ワールドトレードセンター	ミノル・ヤマサキ	アメリカ	S造
せんだいメディアテーク	伊東豊雄建築設計事務所	宮城	S造（一部RC造）
岡山西警察署	磯崎新アトリエ＋倉森建築設計事務所	岡山	S＋SRC造一部木造
古河総合公園飲食施設	SANAA	茨城	S造
AMIDA HOUSE	河内一泰／河内建築設計事務所	静岡	木造
紙の家	坂茂建築設計	山梨	紙管
Dクリニック	山本理顕設計工場	埼玉	RC造
洗足の連結住棟	北山恒＋architecture WORKSHOP	東京	RC造（一部S造）
葛西臨海公園展望広場レストハウス	谷口建築設計事務所	東京	S＋RC造
SANKYO新東京本社ビル	大江匡	東京	S造（一部RC造）
下馬の集合住宅	小栗＋内藤／KUS，桜設計集団，東大生産研・腰原研究室	東京	木造，一部RC造
金沢海みらい図書館	堀場弘＋工藤和美／シーラカンスK&H	石川	
石川県金沢港大野からくり記念館	内井昭蔵建築設計事務所	石川	木造放射HP曲面構造

写真撮影および提供

□作品事例の写真

内井昭蔵建築設計事務所/p18,19（下2点、左中）
新建築写真部/p26,27,44,75（左、右）,77,106,107
柳澤潤/コンテンポラリーズ/p24（下中4点）
原田真宏・麻魚/MOUNT FUJI ARCHITECTS STUDIO/p29
安田幸一/p30
大谷弘明/p31
山下保博/アトリエ・天工人/p32,33
東急電鉄、アトリエユニゾン、ホルツストラ、樅建築事務所/p34（左）,35（右4点）
松岡満男/p55
川原達也/p56（下）,57
鳥村鋼一/p58,59
SANAA/p69（下2点）
日本大学理工学部畔柳研究室/p75（中）
島崎義春/p78,79
伊東豊雄建築設計事務所/p91（下）,92
吉村英祐/p102,103（下）
堀場弘＋工藤和美/シーラカンスK&H/p103（上3点）
中川敦玲/p104
藤塚光政/p110
浅川敏/p113（左）
KUS/p113（右下）
阿野太一/p114
大阪工業大学寺地研究室/p19（上、右下）,24（上2点、左）,34（右3点）,35（左）,46,52,56（上）,68,69（上3点）,
90,91（上）,94,108,109,113（右上、中）
Nacása & Partners/p80,81（下）
E.P.A/p81（上）

□ダイヤグラム、「空間とかたち」の操作、「空間とかたち」の発想の写真

略記号
・ダイヤグラム[Diagram]、空間の種類と分類
　（面材―DI、骨組―DII、線材―DIII、面・骨・線―DIV）
・「空間とかたち」の操作[Operation]、O
・「空間とかたち」の発想[Idea]
　（面材―I1、骨組―I2、線材―I3、面・骨・線―I4）
建築マップmap.net/DI（28）DII（15,28）DIII（14,22,27）
住居集合論より転載/DI（5）DIII（12,20）
高砂正弘/DI（2,3,17,25,26）DIII（7,11）DIV（9）
本田昌昭/DI（12）DII（23）I1（5）I4（2）
中村美貴子/DI（29）DII（6）
岡山敏哉/DI（4,7）
山下保博/アトリエ・天工人/DI（27）
遠藤政樹/DI（33）
車田保/DI（16）
玉田浩之/DII（9,13,22）DIV（1）
久保光弘/DI（11）
黒澤秀行/DI（13）
原田真宏・麻魚/MOUNT FUJI ARCHITECTS STUDIO/DI（34）
藤井由依子/DI（35）
鹿島出版会/DII（1,11,12）DIII（21）DIV（12）
内藤廣建築設計事務所/DII（3）
葛西潔建築設計事務所/DII（5）
道家駿太郎/DII（20）
尾関建築設計事務所/DII（21）
富田裕一/DII（31）
川原達也/DII（37）
鳥村鋼一/DII（38）
日本大学理工学部畔柳研究室/DIII（30）
島崎義治/DIII（34）
新田裕磨/DIII（35）
藤塚光政/DIV（11）
北嶋祥浩/DIV（15）
阿野太一/DIV（9）
浅川敏/DIV（16）
吉村英祐/DIV（17）
大橋良平/I3（2）
新建築写真部/I4（3）
大阪工業大学峰岸研究室/DI（1,6,8,9,10,18,23,24,31）DII（2,4,10,17,19,24,25,27,29,30）
DIII（1,2,3,5,15,16,28,29,32）DIV（2,3,4,7,8,10,13）O（1,2,3,4,5,6,7）I1（1,2,3,4,6,7,9）
I2（1,3,6,9,10,11）I3（1,3,4,5,6,7,8,10）I4（1,4,6,7,8,9）
大阪工業大学峰岸研究室寺地研究室/DI（14,15,30,32）DII（7,16,26,31,32,33,34,35,36）
DIII（4,6,8,9,10,13,18,23,24,25,26,31）DIV（6,14）I1（8）I2（2,4,5,7,8）I3（9,11）I4（5）
大阪工業大学寺地研究室/DI（36,37）DIII（37）

参考文献・資料

1. 日本建築構造技術者協会編『日本の構造技術を変えた建築100選』彰国社、2003
2. 菊竹清訓『建築のこころ』井上書院、1973,2
3. 吉田研介責任編集、建築知識別冊第1集『建築ノート、デザインテクニック』建知出版、1981,4
4. ヴィジュアル版建築入門編集委員会編『ヴィジュアル版建築入門5、建築の言語』彰国社、2002,9
5. スティーブン・グラボー 吉田朗＋長塚正美＋辰野智子訳『クリストファー・アレグザンダー』工作舎、1989,6
6. クリストファー・アレグザンダー 平田翰那訳『パタン・ランゲージ』鹿島出版会、1990,1
7. 宮元健次『見る 建築デザイン』学芸出版社、1998,11
8. 建築術編集委員会編『建築術5-設計方法を探る』彰国社、1974,7
9. 川崎 清、笹田剛史、山口重之、小林正美、吉川 眞、佐藤不二男『設計とその表現—空間の位相と展開』鹿島出版会、1990,12
10. 鈴木歌治郎他『建築計画・設計シリーズ18、美術館』市ケ谷出版社、2002,2
11. 小林克弘『建築構成の手法』彰国社、2007,7

あとがき

本書・建築設計演習3−展開編［空間とかたちを操る］は、2008年に初版刊行しました。姉妹編である建築設計演習1−基礎編［図法から空間へ］と建築設計演習2−標準編［空間とかたを学ぶ］とともに、本書は大学などの教育機関や建築を学ぶ方々にご活用いただいておりました。初版から14年の歳月が過ぎ、この間、建築界では、構造解析の高度化が進み、耐火構造として使える木材や高性能フッ素樹脂フィルムの使用などさまざまな取組みがみられました。本書・展開編では、それらの先進事例を収録すべく、これまで掲載していた作品のうち7作品を入れ替え、空間とかたちを操る思考の幅をさらに広げることにしました。

新版の展開編［空間とかたちを操る］は、ユニークな発想やかたちを有する25の建築作品を選んでいます。本書の主役は25の作品といえます。これらの作品の設計者やクライアントの皆さまには、私どもの掲載希望に快く応じていただき、本書の編集方針に即した貴重な図面や写真などを提供していただきました。ここに厚くお礼を申し上げます。

本書は建築設計の標準的な思考を修得された方が、さらなる思考を広げるきっかけとなる教材として作成しています。そのため、図面の表現は統一を図っており、提供いただいた図面を起こし直したり、図面表現の一部を調整したりしております。したがって、選択した作品および掲載した設計図の問題はすべて編著者の責任に帰します。本書をご使用くださる皆さまからは、率直なご批判をいただけましたら幸いです。

本シリーズの刊行にあたり、最初の刊行より鹿島出版会の相川幸二氏に大変お世話になっており、今回の新版化に際しても編集のサポートとご助言をいただきました。改めて感謝を申し上げます。さらには、写真を提供していただいた方々にもお礼を申し上げます。

編著者紹介

峰岸　隆（1945年群馬県生まれ）
1968年　大阪工業大学工学部建築学科卒業
1971年　東京芸術大学大学院修士課程修了
1971年　内井昭蔵建築設計事務所勤務
1976年　アーレン・プランニング研究所共同主宰
1992年　大阪工業大学工学部建築学科助教授
2002年　大阪工業大学工学部建築学科
　　　　教授　博士（工学）
2010年　同大学定年
主要作品　足利更西病院、大野原町農業者トレーニング
　　　　　センター、深草柴田邸、聖天下の家　他
主要著書　「日本の回廊」（2015年、鹿島出版会）

寺地　洋之（1965年岐阜県生まれ）
1987年　大阪工業大学工学部建築学科卒業
1987年　内井昭蔵建築設計事務所勤務
1994年　寺地建築設計事務所主宰
1995年　大阪工業大学工学部建築学科講師
2004年　カリフォルニア大学バークレー校客員研究員
2004年　Stanley Saitowitz Architects協働
2007年　大阪工業大学工学部建築学科准教授
2014年　大阪工業大学工学部建築学科教授
主要作品　高倉幼稚園、北面採光の家、凹凸の家、
　　　　　回廊の家、はまようちえん　他

印刷図版制作協力：永石亜紗子、山内寛子、稲垣拓真、上松昌寛、高井優一、岡田恭子、玉井由紀、中康真、樋上泰央、三並昭則、山崎慎二、山崎友大、山脇恵里、辻村周平

企画編集協力：大阪工業大学 工学部 建築学教室

装　　幀　　工藤強勝／デザイン実験室
ＤＴＰ　　株式会社シンクス
印刷・製本　　三美印刷株式会社

新版 建築設計演習3　展開編

2021年3月15日 第一刷発行

編 著 者　　峰岸 隆、寺地洋之
発 行 者　　坪内文生
発 行 所　　株式会社鹿島出版会
　　　　　　〒104-0028　東京都中央区八重洲2-5-14
　　　　　　電話 03-6202-5200
装　　幀　　工藤強勝／デザイン実験室
ＤＴＰ　　株式会社シンクス
印刷・製本　　三美印刷株式会社

建築設計演習1

基礎編：図法から空間へ

峰岸隆・髙砂正弘・本田昌昭・寺地洋之

「建築のかたちと空間をデザインする」ための、画期的な建築設計演習

建築をめざす初学者に向け、建築設計とはいかなるものかをわかりやすく解説する入門書。設計に対する興味や意識を発展させ、当本の姉妹編である「標準編」、「展開編」へとつなぐ建築設計演習のための「基礎編」。

定価（本体3,200円＋税）
ISBN978-4-306-03345-0　C3352
¥3200E

建築設計演習2

標準編：空間とかたを学ぶ

峰岸隆・寺地洋之

「建築のかたちと空間をデザインする」ための、画期的な建築設計演習

従来の木・RC・鉄骨といった構造種別や、建物の規模・用途別による区分ではなく、空間が造られる"面・骨・線"といった構成部材別に作品事例を分類して解説、真に「建築のかたちと空間をデザインする」ために必要な知識と技法を習得するための、新しいガイダンス。

坂本昭／石井修／坂倉建築研究所／ A・レーモンド／山下和正／入之内瑛／内藤廣／高口恭行／ KAJIMA DESIGN ／菊竹清訓／日建設計／池原義郎／青島設計

定価（本体3,000円＋税）
ISBN978-4-306-03346-7　C3352
¥3000E